VON CONSTANTIN ZU KARL DEM GROSSEN

RÖMISCH - GERMANISCHES ZENTRALMUSEUM
FORSCHUNGSINSTITUT FÜR VOR- UND FRÜHGESCHICHTE

VON CONSTANTIN ZU KARL DEM GROSSEN

DENKMÄLER DES HEIDENTUMS UND CHRISTENTUMS AUS DER SPÄTANTIKE

Katalog zur Ausstellung des Landes Rheinland-Pfalz
in Verbindung mit dem
Römisch-Germanischen Zentralmuseum Mainz
Forschungsinstitut für Vor- und Frühgeschichte
und dem
Rheinischen Landesmuseum Trier
im
Historischen Museum der Pfalz Speyer
28. September 1990 - 6. Januar 1991

mit Beiträgen von

Wolfgang Binsfeld · Gisela Clauss · Heinz Cüppers · Hermann Dannheimer
Heinz-Josef Engels · Jochen Garbsch · Karl-Josef Gilles · Ernst Künzl
Bernhard Overbeck · Mechthild Schulze-Dörrlamm · Götz Waurick
Konrad Weidemann

MAINZ 1990
VERLAG DES RÖMISCH-GERMANISCHEN ZENTRALMUSEUMS

Ausstellungstechnik: L. Lehóczky
Photos: M. Eberlein · H. Glöckler · O. Pilko · D. Riemann · J. Schwarz
Abb. 7 u. 10f. wurden den Werken von R. Delbrueck bzw. H. Stern entnommen. Die Farblithos stellte freundlicherweise der Verlag Philipp von Zabern, Mainz, zur Verfügung; ihnen liegen Photos der jeweiligen Museen zugrunde (Farbtaf. I: Bayer. Staatsbibliothek, München).

Titelbild: s. S. 41 (Vitrine 18)

CIP-Titelaufnahme der Deutschen Bibliothek

Von Constantin zu Karl dem Grossen : Denkmäler des Heidentums und Christentums aus der Spätantike ; Katalog zur Ausstellung des Landes Rheinland-Pfalz in Verbindung mit dem Römisch-Germanischen Zentralmuseum Mainz, Forschungsinstitut für Vor- und Frühgeschichte und dem Rheinischen Landesmuseum Trier im Historischen Museum der Pfalz Speyer, 28. September 1990 - 6. Januar 1991 / mit Beitr. von Wolfgang Binsfeld ... - Mainz : Röm.-German. Zentralmuseum, 1990
ISBN 3-88467-025-5
NE: Binsfeld, Wolfgang [Mitarb.]; Rheinland-Pfalz; Historisches Museum der Pfalz <Speyer>

ISBN 3-88467-025-5

Satz: RGZM
Lithos: Gerhard Müller, Offsetreproduktionen, Eppertshausen
Druck: Oskar Brandstetter, Druckerei GmbH & Co. KG, Wiesbaden
Printed in Western Germany

GRUSSWORT

Selbst in den großen Städten an Rhein und Mosel, deren Gründung in römischer Zeit außer Frage steht, ist es für die Archäologie nicht leicht, darzustellen, in welcher Weise diese Plätze die historisch bewegte Phase vom Ende des Römerreiches bis zum Karolingerreich überdauert haben. Um so interessanter wird es, Zeugnisse dieser Zeit aus anderen Regionen des Römischen Reiches, in denen die Überlieferungsbedingungen günstiger waren, in einer Zusammenschau zu betrachten, wird dadurch doch etwas von Glanz und Geisteshaltung einer Epoche sichtbar, die in gleicher Weise auch die zweitausendjährige Stadt Speyer erlebt hat. Heidentum und Christentum standen sich auch hier widerstreitend gegenüber, als seit dem 4. Jahrhundert Bischöfe am Ort residierten, von denen uns einer, Jesse, schon nach 340 namentlich bekannt ist.

Es freut mich, daß sich auf meine Anregung hin, die beiden großen archäologischen Forschungseinrichtungen in unserem Land, das Römisch-Germanische Zentralmuseum Mainz und das Rheinische Landesmuseum Trier, zusammengefunden haben, diese Ausstellung im Historischen Museum der Pfalz in Speyer gemeinsam zu gestalten. Dank der internationalen Reputation beider Institute wurde es möglich, dazu kurzfristig wertvolle Leihgaben in Originalen und getreuen Nachbildungen zusammenzuführen. Auf diese Weise ist zur Zweitausendjahrfeier der Stadt Speyer der anschauliche Überblick einer Epoche entstanden, die in besonderem Maße Teil der Geschichte unseres Landes ist, stand doch an ihrem Anfang Trier als Hauptstadt des westlichen Römerreiches und an ihrem Ende Ingelheim als Zentrum des Karolingerreiches.

(Dr. Georg Gölter)
Kultusminister

DIE KAISER UND DAS REICH

Als die Soldaten der römischen Rheinarmee im Jahre 235 in Mainz den Kaiser Severus Alexander ermordeten, endete damit die Dynastie der Severer, die über vierzig Jahre lang seit 193 das Römische Reich beherrscht hatten. Von nun an wechselten in kurzen Abständen Kaiser, die von einzelnen Truppenteilen – zumeist der Donauarmee – zu Herrschern erhoben wurden. Sie alle rangen mit den gleichen Problemen, indem sie einander widerstrebende Interessen einzelner Reichsteile zentral zu regeln suchten. Außerordentlich erschwert wurde ihre Aufgabe durch die Bedrohung von außen. Während große Germanenstämme – Franken, Alamannen und Goten – die Reichsgrenze zwischen den Mündungen von Rhein und Donau erschütterten, griff von Osten her das unter den Sassanidenherrschern erneuerte Perserreich die reichen Provinzen Syriens und der Türkei an. In dieser Situation entstanden seit der Mitte des 3. Jahrhunderts über längere Zeit hin Teilreiche, die sich gänzlich von der Zentralgewalt lösten. Auch ihre neuerliche Unterwerfung löste die innere Schwäche des Reiches nicht, da das Heer ständig neue Herrscher erhob.

Die Kaiser. Mit der Erhebung des aus Illyrien, dem heutigen Jugoslawien, stammenden Feldherrn Diocletian zum Kaiser durch das aus Mesopotamien heimkehrende römische Heer übernahm im Jahre 284 ein Mann die Reichsherrschaft, der die Struktur des Römischen Reiches in den folgenden Jahren tiefgreifend veränderte. Zusammen mit dem von ihm erwählten Mitregenten Maximian zog er die Erfahrungen aus den vergeblichen Bemühungen der vergangenen fünfzig Jahre, das Reich zentral von einem Mann und von einer Hauptstadt aus regieren zu wollen. Auf seine Initiative hin wurde seit 293 das Römische Reich von vier Herrschern – zwei Augusti, Diocletian und Maximian, sowie zwei Caesares, Galerius und Constantius Chlorus – regiert, die in vier Hauptstädten, Mailand, Izmit in der westlichen Türkei, Trier und Mitrovica bei Belgrad, residierten. Rom hatte damit seine zentrale Rolle als Reichsmittelpunkt verloren. Ein geregelter Herrscherwechsel in einem zwanzigjährigen Rhythmus sollte diesem System innere Sicherheit und Kontinuität verleihen.
Allerdings überdauerte dieses Herrschaftssystem seinen ersten Zyklus, der mit dem Rücktritt von Diocletian und Maximian 305 endete, nur kurz. Im Streit um die Nachfolge begann seit 306 der Sohn des überraschend verstorbenen Constantius Chlorus, Constantin, von England aus schrittweise seine Herrschaft über das Reich nach Osten hin auszudehnen. Zunächst von Trier aus regierend, eroberte er 312 Rom, 314 den Balkan und 324 die östlichen Teile des Römischen Reiches. 326 erhob er dann die Stadt Byzantium am Bosporus, das heutige Istanbul, zur neuen Hauptstadt, die nach ihm Constantinopel genannt, die Rolle Roms übernehmen sollte.
Die Wirren zwischen den Söhnen nach dem Tode Constantins im Jahre 337 zeigten jedoch, daß das Reich zentral nicht mehr zu regieren war, zu groß waren die regionalen Probleme, als daß sie von einer Hauptstadt aus gelöst werden konnten. Seit 340 bildete sich daher unter den überlebenden Söhnen Constantins die Form der Reichsverwaltung heraus, die außer kurzen Unterbrechungen bis ans Ende des 5. Jahrhunderts Gültigkeit behielt. Den Westteil des Reiches beherrschte Constans von der Hauptstadt Trier, den Ostteil des Reiches sein Bruder Constantius von Constantinopel aus.
Nachdem die Dynastie Constantins 363 mit dem Tod des Kaisers Julian im Kampf gegen die Perser ihr Ende gefunden hatte, erstand dem Reich eine neue Herrscherfamilie in den Brüdern Valentinian und Valens, Feldherren, die ebenso wie die Familie Constantins, aus Illyrien stammten. Sie setzten die Form geteilter Reichsherrschaft mit den Zentren in Trier und Constantinopel zunächst fort. Allerdings blieb der Westteil des Reiches, wie schon das Schicksal des Constans 350 gezeigt hatte, für Rebellionen des Heeres anfällig. So wie 350 der Feldherr Magnentius nach der Ermordung des Constans versucht hatte, die Kaiserwürde zu erlangen, erneuern sich derartige Bemühungen seit dem Ende des 4. Jahrhunderts mehrfach. Angehörige der Dynastie des Valentinian regieren die Reichsteile dennoch bis 455 im Westen, bzw. 457 im Osten.

Von dieser Zeit an bestimmen wechselnde Herrscher das Schicksal beider Reichsteile, bis 476 die Kaiserwürde im Westen erlischt. Unter den wenigen Versuchen der Kaiser des Ostens, ihren Herrschaftsanspruch gegenüber den im Westen auf altem Reichsgebiet entstehenden Germanenreichen durchzusetzen, sind besonders die Kaiser Anastasius (491-518) und Justinian (527-565) zu nennen. Während Anastasius bemüht ist, Herrschaftsansprüche auf diplomatisch-staatsrechtlichem Wege aufrechtzuerhalten, führt der Versuch Justinians zur Eroberung des Vandalenreiches in Nordafrika, des Ostgotenreiches in Italien und von Teilen des Westgotenreiches in Spanien.

Vitrine 1

Diocletian. Kaiser von 284 bis 305. Nicomedia (heute Izmit), Türkei.
Istanbul, Arch. Mus. (Kopie: München, Mus. Abgüsse Klass. Bildw.).

Vitrine 2

1. Constantius Chlorus. Kaiser von 293 bis 306. FO. unbekannt.
   Kopenhagen, Ny Carlsberg Glyptothek (Kopie: München, Mus. Abgüsse Klass. Bildw.).
2. Constantin d. Gr. Kaiser von 306 bis 337. Rom, Italien *(Abb. 1)*.
   Rom, Balustrade des Kapitolplatzes (Kopie: München, Mus. Abgüsse Klass. Bildw.).

Vitrine 3

1. Constans(?). Kaiser von 337 bis 350. FO. unbekannt.
   Paris, Louvre (Kopie: München, Mus. Abgüsse Klass. Bildw.).
2. Magnentius. Usurpator und Kaiser von 350 bis 353. Vienne, Frankreich.
   Vienne, Mus. Lapidaire (Kopie: München, Mus. Abgüsse Klass. Bildw.).

Vitrine 4

1. Valentinian I.(?). Kaiser von 364 bis 375. Rom, Italien.
   Rom, Antiquario Communale (Kopie: München, Mus. Abgüsse Klass. Bildw.).
2. Gratian(?). Kaiser von 367 bis 383. Trier.
   Trier, Rhein. Landesmus. (Kopie: München, Mus. Abgüsse Klass. Bildw.).

Vitrine 5

1. Porträt aus der theodosianischen Dynastie, Honorius oder Arcadius(?). Ende 4. Jahrhundert. FO. unbekannt.
   Berlin, Staatl. Mus. Preuß. Kulturbesitz (Kopie: München, Mus. Abgüsse Klass. Bildw.).
2. Kaiserporträt des späten 5. Jahrhunderts. FO. unbekannt.
   Kopenhagen, Ny Carlsberg Glyptothek (Kopie: München, Mus. Abgüsse Klass. Bildw.).

Schautafel

Die Römischen Kaiserfamilien des 4. und 5. Jahrhunderts.

Die Reichsstruktur. Die Gliederung des Römischen Reiches in Ost und West, wie sie sich unter den Söhnen Kaiser Constantins seit 340 herausbildete, schied die beiden Hälften entlang einer Linie, die nördlich des Mittelmeeres ungefähr an der heutigen Westgrenze Bulgariens und südlich des Mittelmeeres durch Libyen verlief, dessen Ostteil, die Cyrenaika, schon zum Ostreich gehörte. Nach dem Tode des Kaisers Theodosius im Jahre 395 wurde die Grenze nördlich des Mittelmeeres um einiges nach Westen verschoben, wodurch das heutige Griechenland und der Ostteil Jugoslawiens dem Ostreich zufielen.
Während Constantinopel über die Jahrhunderte hin unbestritten Hauptstadt des Ostreiches blieb, behielt Trier die gleiche Funktion nur bis zum Ende des 4. Jahrhunderts für das Westreich. Seit der Wende zum 5. Jahrhundert übernahmen dort dann wechselnd Mailand, Ravenna und endlich wieder Rom die Rolle der Hauptstadt.
Daß die Schwierigkeiten zentraler Verwaltung auch in den beiden Teilreichen fortbestanden, wird an der Gliederung der zivilen Verwaltungsstruktur sichtbar. Das westliche Reich gliederte sich seit 340 in zwei

Farbtafel I: Notitia Dignitatum. Insignientafel der Duces (Schautafel S. 10).

FL

Präfekturen, deren eine sich von England über Gallien und Spanien bis nach Marokko erstreckte, während die andere das übrige Nordafrika, Italien, Süddeutschland und die Provinzen entlang der Donau sowie Griechenland umfaßte. Hatte man im Osten zunächst versucht, den Reichsteil einheitlich in einer einzigen Präfektur zu organisieren, so gab man diesen Zentralismus nach 395 gleichfalls auf, als die vom Westreich übernommenen Provinzen Griechenlands und des östlichen Jugoslawien in einer eigenen Präfektur organisiert wurden.

Karten
Der Westteil und der Ostteil des Römerreiches im 4. Jahrhundert.

Die Reichsverwaltung. Die Administration des Reiches erhielt unter Kaiser Diocletian seit 284 neue Formen. Nebeneinander bestanden nun eine zentrale Verwaltung des Kaiserhofes, eine Militärverwaltung und eine Zivilverwaltung, die streng von einander getrennt waren. In allen Verwaltungssträngen gab es, entsprechend der Funktion der Beamten, Positionen unterschiedlichen Ranges. Über die Rangfolge innerhalb der drei Verwaltungen mit genauer Bestimmung der Aufgabengebiete gab schon in antiker Zeit ein Staatshandbuch Auskunft, die Notitia Dignitatum.

Schautafel
Insignienblätter aus der Notitia Dignitatum. Erste Hälfte des 5. Jahrhunderts.
München, Bayerische Staatsbibliothek, Cod. Clm. 10291 (Faksimiles RGZM).
Eine außerordentlich umfassende Vorstellung von der Organisation der römischen Reichsverwaltung in den Jahren um 425 gibt ein Exemplar der Notitia Dignitatum, das nach dem spätantiken Original in karolingischer Zeit angefertigt wurde und sich bis nach der Mitte des 16. Jahrhunderts in der Dombibliothek von Speyer befand. Die um 1542 entstandene Kopie der Speyrer Handschrift für den Pfalzgrafen Ottheinrich hat die Bilder der Insignientafeln in recht originalgetreuen Nachzeichnungen überliefert. Diese Kopie befindet sich heute in München.
Besonderen Wert bekommt die Notitia Dignitatum durch die Wiedergabe der Amtsinsignien für die Bewertung des Ranges der einzelnen Ämter. Wichtiges Zeichen hierfür sind die zumeist im oberen Teil der Insignientafeln wiedergegebenen Ernennungsurkunden. Bei den höchsten Ämtern handelt es sich um rechteckige Tafeln aus Elfenbein, bei weniger hohen Ämtern um Schriftrollen, die z.T. aufgezogen sind. Höhere Beamte durften diese Ernennungsurkunden auf Schautischen ausstellen, weniger hohe Beamte dagegen nur die aufgezogene Rolle präsentieren.

Insignientafeln der Hofämter

1. Magister officiorum. Als Verteidigungsminister unterstanden ihm die Leibgarden und Waffenfabriken, wie Lanzen, Schilde, Helme, Panzer und andere Waffen anzeigen.
2. Quaestor. Als Justizminister war er für die Gesetze zuständig, was die Schriftrollen und der Schrank dafür anzeigen.
3. Comes sacrarum largitionum. Als Finanzminister war er für die Geldwirtschaft zuständig, was durch Beutel, Schalen und Kästen mit Münzen angezeigt wird. Die Gürtelschnallen deuten an, daß er auch die staatlichen Ehrengeschenke verteilte.
4. Comes rerum privatarum. Er verwaltete das kaiserliche Privatvermögen, so daß seine Insignientafel der seines Amtskollegen für den staatlichen Bereich entspricht.
5. Comites domesticorum equitum et peditum. Sie waren die Kommandeure der kaiserlichen Leibwache zu Fuß und zu Pferde. Die Schilde kennzeichnen ihre militärische Aufgabe.
6. Vir castrensis sacri palatii. Als Quartiermacher des Kaisers bei Reisen im Reich führte er

dessen Mobiliar und Versorgung mit sich, wie Metalltische mit Becken, Gläser und die Amphora zeigen.

7. Magistri scriniorum. Sie waren die Leiter der allgemeinen Hofverwaltung, die u. a. die kaiserliche Korrespondenz führte. Schriftrollen und Schreibtafel zeigen dies an.

Insignientafeln der Ämter der Zivilverwaltung

1. Praefectus. Die Präfekten waren die höchsten Zivilbeamten, denen große Reichsteile unterstanden. Sie hatten das Recht auf einen vierspännigen Dienstwagen.
2. Vicarii. Den Vikaren unterstanden mehrere Provinzen, deren Personifikationen unter der Ernennungsurkunde auf dem Insignienblatt dargestellt sind.
3. Consilares, Correctores, Praesides. Sie waren Leiter einer Provinz, deren Personifikation oder Hauptstadt auf ihren Insignientafeln dargestellt ist.

Insignientafeln der Ämter der Militärverwaltung

1. Magistri peditum et equitum. Die Kommandeure der Fußtruppen und Reiterei waren die obersten Militärbefehlshaber des spätantiken Reiches. Die Insignientafeln zeigen die Schilde der Truppeneinheiten, die ihnen unmittelbar unterstellt waren.
2. Comites limitum. Besonders gefährdete Abschnitte der Reichsgrenze unterstanden speziellen Kommandeuren, denen entsprechend den jeweiligen Bedrohungen Truppen des Reichsheeres unterstellt wurden. Die Insignientafeln zeigen Bilder ihrer Standorte.
3. Duces. Ihnen unterstand die Verteidigung der Reichsgrenze in einer Provinz. Die Insignientafeln zeigen Bilder der Grenzfestungen unter ihrem Kommando *(Farbtaf. I)*.

DENKMÄLER STAATLICHER REPRÄSENTATION

Die Macht der spätantiken Kaiser fand sichtbaren Ausdruck in einer Vielzahl von Ehrenzeichen, die Rang und Ansehen jener Personen deutlich machten, die damit ausgezeichnet wurden. Auf solche Weise wurde der Prunk des Hofes in vielfältiger Art in die Provinzen getragen und die Vorstellung unbegrenzter Macht und großen Reichtums verbreitet. Diese Ehrengaben, die der Herrscher als Personifikation der Staatlichkeit vergab, bzw. seinen Beamten erlaubte zu verteilen, waren aufwendige Arbeiten des Kunsthandwerks aus zumeist kostbarem Material wie Gold, Silber und Elfenbein. Es ist dabei bemerkenswert, daß die Darstellungen auf diesen Denkmälern höchster Repräsentation nicht von christlichen Motiven bestimmt sind, obwohl seit Constantin das Christentum die Religion der Kaiser gewesen ist. Selbst nach dem offiziellen Verbot der heidnischen Kulte unter Kaiser Theodosius mit der Übernahme des Christentums als Staatsreligion im Jahre 391 ändert sich daran nichts. Neben traditionellen Darstellungen, vor allem von Tierhetzen im Circus, finden sich immer wieder Bilder heidnischen Inhalts.

Der Münchner Licinius-Schatz. Der »Münchner Schatz« von antikem Silbergeschirr aus dem Besitz der Bayerischen Hypotheken- und Wechselbank wurde im Nahen Osten, wohl im anatolischen bis syrischen Bereich, gefunden. Näheres über den Fundort ist leider nicht bekannt.
Das Inventar dieses Fundes umfaßt neun Silbergefäße. Da über die Fundumstände nichts Näheres bekannt ist, kann man natürlich nicht mit Sicherheit davon ausgehen, daß er uns vollzählig überliefert ist.

Aber auch so ist sein Quellenwert für uns wichtig genug. Auf althistorische und archäologische Fragestellungen wirft er ein neues Licht.
Fünf der neun Gefäße sind aufgrund ihrer Inschriften genauer datierbar (Nr. 1-5). Das ergibt für uns die Möglichkeit, den annähernden Vergrabungszeitpunkt fassen und auch historisch einordnen und werten zu können. Alle diese Inschriften beziehen sich auf den gleichen Anlaß und den gleichen Personenkreis. Auf die vota quinquennalia bzw. decennalia, die nach fünf Jahren erfüllten (vota quinquennalia soluta) bzw. auf zehn Jahre erneuerten Gelübde (vota decennalia suscepta) der Caesares, der als Thronfolger vorgesehenen kaiserlichen Prinzen, Licinius II. (Nr. 1-4) sowie Crispus und Constantinus II. (Nr. 5). Mit diesen inschriftlichen Angaben gewinnen wir ein ziemlich exaktes Datum für den Zeitpunkt der Herstellung der entsprechenden Gefäße. Er ergibt sich aus den zeremoniellen Gepflogenheiten der Vota-Feiern in der Spätantike. Diese sind in gewisser Weise nichts weiter, als feierlich begangene Regierungsjubiläen der Kaiser oder, wie in unserem Falle, der kaiserlichen Prinzen als designierte Nachfolger. Dabei muß man sich allerdings davor hüten, Vota-Angaben allzu wörtlich zu nehmen, da zwischen imperialer Propaganda und tatsächlichen Daten bisweilen eine Lücke klafft. In unserem Falle ergibt sich das folgende historische und chronologische Gerüst: Der erste Bürgerkrieg zwischen Constantinus I. als Kaiser des Westens und Licinius I. als Kaiser des Ostens endete im Frühjahr 317 mit dem Friedensschluß von Serdica. Eine der Abmachungen dieses Friedensschlusses regelte auch die Frage der Ernennung von Caesares, also der Thronfolge im West- und Ostteil des Reiches. Demnach wurden drei Caesares ernannt: Für den Westen Crispus und Constantinus II., die beiden ältesten Söhne des Constantinus I., für den Osten Licinius II., Sohn des Licinius I. Demnach würden die entsprechenden Fünfjahresfeiern (vota quinquennalia soluta) bzw. die Gelöbnisse für die zehnjährigen Jubiläen (vota decennalia suscepta) auf das Jahr 322 fallen. Für die Söhne des Constantinus I. zumindest wissen wir aber, daß diese Feierlichkeit bereits am 1. März 321 begangen wurde. Aus diesen Daten ergibt sich, daß die mit Inschriften versehenen Silberteller (Nr. 1-5) etwa 320 bis Anfang 321 hergestellt worden sein müssen, wobei davon ausgegangen wird, daß auch Licinius II. den gleichen Termin für die Votafeierlichkeiten wählte wie die Constantinssöhne.
Fragt man nach dem Grund der Vergrabung des Schatzfundes, so dürften die folgenden militärischen Ereignisse wohl den Anlaß dazu gegeben haben: Der 323 ausgebrochene Entscheidungskampf zwischen Westen und Osten des Reiches, zwischen Constantinus I. und Licinius I., endete mit der völligen Kapitulation des Licinius und seiner Anhänger, nur kurze Zeit nach der Schlacht von Chrysopolis vom 18. September 324, in der das Heer des Licinius vernichtend geschlagen worden war. Mit diesen Wirren des letzten Bürgerkriegs zwischen beiden Reichshälften zur Zeit der Regierung des Constantinus I. darf man wohl die Niederlegung dieses Schatzes in Verbindung bringen.
Einige interessante Beobachtungen lassen sich zur Herstellungstechnik der Silberschalen machen. Generell weicht diese natürlich nicht von den zu dieser Zeit gebräuchlichen Techniken ab. Daher sei hier nur speziell zu den fünf Schalen mit kaiserlichen Inschriften (Nr. 1-5) Stellung genommen. Es ist an den feinen Drehrillen deutlich sichtbar, daß diese einfachen kalottenförmigen Schalen auf der Drehbank sorgfältig geglättet worden sind. Die Schalen 4 und 5 lassen im Zentrum außerdem den Abdruck des Dorns erkennen, der sie bei der Rotation hielt. Die Schalen 1-3 zeigen in der Mitte ein Medaillon, das nicht etwa nachträglich eingesetzt, sondern – analog der Herstellung einer Münze – eingeprägt worden ist. Dabei wurde natürlich nur ein Stempel für das Innere der Schalen verwendet, ihre Unterseite blieb also flach. Diese Technik ist sehr ungewöhnlich und bisher nur noch ein einziges weiteres Mal bei in der Münzstätte bzw. Fabrica von Heraclea Thracica hergestellten Silbertellern des Fundes von Červenbreg (Thrakien) belegt. Interessanterweise ist der im Medaillon Dargestellte auch hier Licinius I., ähnlich wie in unserem Schatzfund, wo die Mittelmedaillons der Schalen ausschließlich die beiden Licinii zeigen. Bei den drei Schalen des »Münchner Schatzes« (Nr. 1-3) ist ihre Portraitbüste in strenger Frontalität ausgeführt. Diese drei mit Sicherheit identifizierbaren zeitgenössischen Bildnisse, eines des Licinius I. *(Abb. 2)*, zwei des Licinius II. Caesar, geben uns Portraitbelege für diese beiden Personen an die Hand, wie sie die archäologische Forschung in dieser Qualität bisher noch nicht gekannt hat. Die Analogie zur Münzprägung wird bei diesen drei Portraitmedaillons besonders deutlich. Die jeweils auf der Schalenunterseite angebrachten Werkstättenstempel nennen Kontrollbeamte der Münzstätten Nicomedia (Nr. 1 und 2) und Antiochia (Nr. 3). In Darstel-

lungsschema und Umschrift entsprechen die Mittelmedaillons der Schalen genau einer Aureusemission zum gleichen Anlaß, den Vota quinquennalia des Licinius II. Caesar. Diese Emission wurde in nur zwei Münzstätten des östlichen Reichsteils, Nicomedia in Bithynien (heute Izmit, Türkei) und Antiochia (Syrien) geprägt, also dort, wo auch die drei Medaillonschalen entstanden sind.
Die Schalen 4 und 5 tragen nur eingravierte Inschriften, die sich auf die gleichen Vota beziehen, wie sie auch auf den Medaillonschalen 1-3 genannt sind. Entsprechend ist auch ihre Datierung gleich. Auch bei diesen zwei Stücken ist der Herstellungsort jeweils auf der Unterseite der Wandung vermerkt, allerdings nicht durch Einstempelung, sondern durch eine geritzte bzw. gepunzte Inschrift.
Auffällig ist, daß alle diese zu hochoffiziellem Anlaß hergestellten Schalen ganz bestimmte Gewichtsnormen aufweisen. So wiegen die drei Medaillonschalen (Nr. 1-3) ziemlich genau ein römisches Pfund und Schale 5 wiegt das Eineinhalbfache eines Pfundes. Das gleiche Gewicht dürfte ursprünglich auch Schale 4 gehabt haben, die heute modern ergänzt ist.
Die Normung des Gewichts steht zweifellos mit dem Verwendungszweck dieser Schalen in Zusammenhang. Aufgrund des auf ihnen verzeichneten festlichen Anlasses wurden sie vom Kaiser an hohe Würdenträger des Hofes als Ehrengeschenke vergeben. Eine solche Übergabe wertvoller Donativa, sog. Largitionsschalen in unserem Falle, an hohen Fest- und kaiserlichen Ehrentagen, bildete einen festen Bestandteil des Hofzeremoniells. Durch die genaue Festlegung des Gewichts der Gaben aus Edelmetall ließ sich die Zumessung und Abstufung der Geschenke genau regeln. Bei den Schalen mit Mittelmedaillon ist es naheliegend anzunehmen, daß sie mit den zum gleichen Anlaß geprägten Aurei gefüllt überreicht wurden, also kostbare Geschenke darstellten, wie sie nur den höchsten Angehörigen des kaiserlichen Hofes zuteil werden konnten.
Damit sind wir bei der Frage nach dem ehemaligen Eigentümer dieses Schatzes. Wir haben in ihm sicher einen ranghohen Militär oder Beamten aus der näheren Gefolgschaft des Licinius I. zu sehen. Die Katastrophe der Niederlage des Licinius I. im Jahre 324 muß ihn zur Verbergung seines Schatzes gezwungen haben. Aus dem Rahmen fallend bei dieser Annahme ist nur ein Umstand: Eine der Largitionsschalen (Nr. 5) nennt zwei Caesares, also Crispus und Constantinus II., die Söhne des Constantinus I. Sie ist also im Westteil des Reiches hergestellt. Das geht auch aus der eingepunzten Inschrift hervor, die Naissus (heute Niš in Jugoslawien) als Fabrica nennt. Die Schale mag aber immerhin nicht direkt in die Hände ihres Besitzers gelangt sein, zumindest aber noch vor dem Ausbruch offener Feindseligkeiten zwischen den beiden Reichsteilen. Man kann natürlich auch nicht ganz ausschließen, daß der gesamte Schatz Plündergut darstellt, das während der Kämpfe von 324 zusammengeraubt wurde und dann vom Plünderer selbst im Stich gelassen werden mußte. Die Teile normalen silbernen Tafelgeschirrs, die der Fund enthält (Nr. 6-9), geben weder für die eine, noch für die andere Möglichkeit der Interpretation weitere Argumente her.
Die historische Dimension dieses Schatzfundes beruht einmal auf seiner ganz speziellen Zeitstellung. In vielerlei Hinsicht ist er das Zeugnis einer Zeit des Umbruchs. Der Krieg, der 324 endete, beseitigte die letzten Nachwirkungen des von Kaiser Diocletianus geschaffenen tetrarchischen Systems. Der 308 in der Kaiserkonferenz zu Carnuntum (heute Bad Deutsch Altenburg, Niederösterreich) ernannte Licinius I. wurde beseitigt, eine neue Dynastie, die des Constantius I. Chlorus und seines Sohnes Constantinus I., sollte von nun an annähernd vierzig Jahre die Geschicke des gesamten Reichs bestimmen und formen. Dazu gehörte auch das immer stärkere Zurückdrängen heidnischer Einflüsse. Gerade in der letzten Zeit seiner Regierung hatte Licinius I. das Heidentum stark favorisiert. Unter Constantinus I. folgte nun auch im Osten, dem ehemaligen Reichsgebiet des Licinius, eine Phase des Umschwungs, Stellung und Einfluß des Christentums wurden gefestigt und gefördert. Zum anderen sind die Schalen 1-5 kein einfaches Tafelgeschirr. Als Largitionsschalen waren sie Teil und Gegenstand kaiserlichen Zeremoniells. Höchstwahrscheinlich der Kaiser selbst oder einer der auf den Inschriften genannten Caesares hat sie an den kleinen Kreis der Funktionäre des Hofes, des Militärs oder der Diplomatie als wertvolle Ehrengeschenke vergeben.

B. Overbeck

Abb. 1-5: 1 (oben links) Constantin I. (Vitrine 2,2). – 2 (oben rechts) Licinius I. (6,1).
3 (unten links) Tetrarchenporträt (8,1). – 4.5 (unten Mitte und rechts) Bronzefibel (8,4).

Vitrine 6
Der »Münchner Schatz« von spätrömischem Prunkgeschirr. Naher Osten. Nach 320.
München, Sammlung der Bayerischen Hypotheken- und Wechsel-Bank AG.

1. Licinius I.-Schale, Nicomedia.
   Kalottenförmige Schale mit im Zentrum eingeprägtem Medaillon *(Abb. 2)*: Barhäuptige frontale Büste des bärtigen Licinius I. im Panzer und Paludamentum; Umschrift LICINIVS AVG OB D V LICINI FILI SVI (Licinius Augustus ob diem quinquennalium Licinii filii sui), Perlkreis, das Ganze im eingedrehten Rahmen. Auf der Unterseite der Schale, nahe dem Rand, in von Perlkreis umgebenem, rundem Stempel in drei Zeilen: NIKO| AIΔ |A, d.h. Nikomedeia, der Name des Kontrollbeamten, wohl Αἰδήσιος =lat. Aedesius, (officina) A = Erste Offizin (Werkstätte).
   Größter Durchmesser: 17,9 cm; Gewicht: 323,3 g.
2. Licinius II.-Schale, Nicomedia.
   Von Form und Technik her gleichartig der Schale 1, im Mittelmedaillon barhäuptige frontale Büste des Licinius II. im Panzer und Paludamentum; Umschrift LICINIVS CAES OB D V SVORVM (Licinius Caesar ob diem quinquennalium suorum); Perlkreis, das Ganze in eingedrehtem Rahmen. Zu Schale 1 analoger Kontrollstempel NIKO | EYT | NEB d.h. Nikomedeia, der Name des Kontrollbeamten Εὐτ..., z.B. Eutolmius, Eutropius etc., N(ομισμάτων) E(ργαστήριον) B = Zweite Münzwerkstätte.
   Größter Durchmesser: 17,9 cm; Gewicht: 321,74 g.
3. Licinius II.-Schale aus Antiochia in Syrien.
   Von Form und Technik her gleichartig Schale 1 und 2; Büste und Umschrift des Mittelmedaillons wie bei Schale 2, allerdings bei sehr ornamentalem, auf strenge und unnaturalistische Stilisierung bedachtem Stil. Zu Schale 1 und 2 analoger Kontrollstempel ANT | EYCTO | A, d.h. Antiochia, der Name des Kontrollbeamten Εὐστόχιος = Eustochius, Officina A = Erste Officin.
   Größter Durchmesser: 18,7 cm; Gewicht: 315,11 g.
4. Die Vota-Schale für Licinius II. von Antiochia in Syrien.
   In der Form ähnlich Schale 1-3, innen in einem aus vier eingedrehten Rillen gebildeten Rahmen die eingravierte Inschrift VOTIS X CAESARIS NOSTRI, am Ende floraler Satztrenner (votis decennalibus Caesaris nostri), an der unteren Wandung die fragmentierte eingeritzte Inschrift (ANTIO)XIAC. Die Schale ist zerbrochen und in unwesentlichen Teilen ergänzt.
   Durchmesser: 24,4 cm; Gewicht: noch 421,09 g.
5. Die Vota-Schale für Crispus und Constantinus II. von Naissus.
   In Form und Herstellungstechnik ähnlich Schale 4, aber mit abweichender eingravierter Inschrift VOTIS X CAESS NN, am Ende floraler Satztrenner (votis decennalibus ⟨duorum⟩ Caesarum nostrorum); an der Unterseite die eingepunzte Werkstätteninschrift NAIS(SVS), Niš im heutigen Jugoslawien. Diese Werkstätte ist durch weitere Beispiele als Edelmetall verarbeitende Fabrica bekannt. Der Ort liegt um diese Zeit im Machtbereich Constantins I., die zwei erwähnten Caesares sind demnach ohne Zweifel seine beiden ältesten Söhne.
   Durchmesser: 22,5 cm; Gewicht 470,3 g.
6. Flacher Teller mit gewelltem Rand.
   Die völlig flache Platte ist lediglich durch Drehrillen und im Zentrum durch eine einfache eingravierte Rosette von 15 Segmenten verziert. Sie gehört zum typischen Formenschatz der Zeit und besitzt in den oben zitierten Largitionsschalen von Červenbreg (Bulgarien) gut datierbare Vergleichsstücke. Teile des Tellers sind ausgebrochen und ergänzt.
   Durchmesser 25,3 cm; Gewicht 396,72 g.

7.-8. Zu einem gleichartigen Service gehöriges Paar von Perlrandschüsseln mit Standring und breiter Randlippe.
7. Geringfügige Aussplitterungen in der Wandung sind ergänzt worden.
Durchmesser: 21,4 cm; Gewicht: 308,63 g.
8. Unten befindet sich innerhalb der vom Standring umschlossenen Fläche die folgende, fein gepunzte Inschrift: OK Ꝺ S ΓΡΓ; OK = ὅ(λως) κ(αθαροῦ ἀργυρίου), vollständig aus

reinem Silber; Γo =ὀγ(γία) = lat. uncia; S = griechisches Zahlzeichen für 6; ΓΡ = γϱ(άμμα) = lat. scripulum; Γ= griechisches Zahlzeichen für 3. Die Inschrift stellt somit eine Feingehalts- und Gewichtsangabe dar, wobei das Gewicht mit 6 Unzen und 3 Scripula angegeben ist.

Durchmesser: 14 cm; Gewicht 162,14 g.

9. Kleine Schüssel von ähnlicher Form wie 7 und 8, aber ohne Perlrand.
   Durchmesser: 12,3 cm; Gewicht: 125,97 g.

B. Overbeck (Nr. 1-9)

Schalen aus Edelmetall. Zu besonderen Anlässen, vor allem Regierungsjubiläen, die festlich begangen wurden, verliehen die Herrscher Schalen aus Silber oder Gold an Würdenträger des Reiches. Dabei konnte es sich sowohl um geschlossene Service als auch um besonders aufwendig dekorierte Einzelstücke handeln. Hierzu zählen die Schalen mit dem Bild des thronenden Herrschers, umgeben von seiner Leibwache. Für den Empfänger waren es Schaustücke, die, repräsentativ aufgestellt, seine enge Beziehung zum Kaiserhof belegten.

Vitrine 7

1. Silbermissorium des Kaisers Theodosius I. Almendralejo, Spanien. 388 *(Abb. 6)*.
   Madrid, Museo Real Acad. Historia (Kopie RGZM).
   Bei besonderen Anlässen, z. B. dem Neujahrstag, verliehen seit dem 3. Jahrhundert n. Chr. die römischen Kaiser ihren Würdenträgern besonders wertvolle Geschenke: Edelmetall in Form von Münzen und Medaillen, Barren und Geräten sowie Schalen oder Teller. Diese Largitionsschalen oder Missoria sind wegen der meist auf den Kaiser bezogenen Thematik der Darstellungen willkommene historische Zeugnisse.
   In dem Ort Almendralejo, etwa 55 km südlich von Mérida in der spanischen Provinz Badajoz, fand man im Sommer 1847 einen der größten Silberteller, der sich aus dem Altertum überhaupt erhielt: Das Missorium des Kaisers Theodosius I. (Durchmesser 74 cm). Eine auf der Rückseite in Griechisch einpunktierte Gewichtsnotiz beziffert diese Platte auf 50 römische Pfund, also etwas über 16 kg, wozu das erhaltene Gewicht von 15,345 kg trefflich paßt (die kleine Differenz erklärt sich aus den Fehlstellen der Beschädigung).
   Die Inschrift lautet: D(ominus) N(oster) THEODOSIVS PERPET(uus) OB DIEM FELICISSIMVM X (= Decennalium).
   Dargestellt ist im Zentrum gemäß der Inschrift Kaiser Theodosius am Tag seines Zehnjahresjubiläums, also am 19. Januar 388. Die beiden anderen Regenten sind sein Sohn Arcadius und vermutlich sein Mitregent Valentinianus II., der Sohn von Valentinianus I., da des Theodosius anderer Sohn Honorius im Jahre 388 erst vier Jahre alt war. Auf beiden Seiten stehen je zwei Gardisten. Der Kaiser, dessen Haupt der Nimbus umstrahlt, thront unter einer Archivolte mit Eroten- und Peltadekor, die eine frontal gesehene Palastfassade darstellen soll. Der in den Maßen kleiner dargestellte Beamte schräg vor Theodosius dürfte auf den Empfänger der Platte hinweisen, den man sich deshalb als einen hohen römischen Würdenträger in den spanischen Provinzen denken kann. Außerdem stammte Theodosius, der letzte Kaiser eines ungeteilten Römerreiches, auch aus Spanien. Die Inschrift ist denn auch in Latein gehalten, während die griechische Gewichtsangabe auf ein griechisches Atelier hinzuweisen scheint, vermutlich in Thessalonike (Saloniki), wo Theodosius zum Zeitpunkt seiner Dezennalien 388 residierte.
   Die Einzelheiten der Gewänder und Waffen sind besonders fein und mit viel Liebe zum Detail dargestellt. Andererseits zeigt die relativ mißlungene Torsion des Oberkörpers der Erdgöttin im unteren Bildfeld, daß diesem Atelier auch künstlerische Grenzen gesetzt waren, obwohl es im kaiserlichen Auftrag arbeitete. Dennoch ist das Missorium als fest

datiertes Denkmal ein Fixpunkt für die stilistische Interpretation spätantiker Silberreliefs.

2. Valentinians-Schale. Umgebung von Genf, Schweiz. Zweite Hälfte des 4. Jahrhunderts.
Genf, Musée d'Art et d'Histoire (Kopie RGZM).
Das flache Relief der Silberschale von 27 cm Dm. ist stark abgerieben und trägt nur noch schwache Spuren der einstigen Vergoldung. Im Mittelpunkt steht die Figur des mit Muskelpanzer und Chlamys bekleideten römischen Kaisers, dessen Haupt von einem Nimbus mit Christogramm umgeben ist. In der linken Hand hält er ein Labarum (Feldzeichen mit Christogramm), in der rechten eine Erdkugel mit der Göttin Victoria, die ihm den Siegeskranz reicht. Der Kaiser ist von sechs hohen Offizieren umringt, die in voller Rüstung dargestellt sind. Den doppelköpfigen Tiersymbolen ihrer großen Ovalschilde zufolge, die in der Notitia Dignitatum als Zeichen germanischer Einheiten aufgeführt sind, befehligten sie germanische Heeresabteilungen. Zu Füßen des Kaisers liegen seine Waffen: Schild, Schwert und Helm. Den oberen Bildrand umzieht die lateinische Inschrift: LARGITAS DN VALENTINIANI AVGVSTI.
Aus der Inschrift der im Jahre 1721 am Arveufer bei Genf gefundenen Silberschale geht eindeutig hervor, daß sie einst ein Geschenk des Kaisers, eine sog. Largitionsschale, gewesen ist. Solche Schalen wurden zu Festtagen des Herrschers verschenkt und dazu eigens in reichseigenen Silberschmiedewerkstätten hergestellt. Nach Angaben der Notitia Dignitatum arbeiteten solche Werkstätten, die dem Comes sacrarum largitionum unterstanden, u.a. in Trier, Reims und Arles. Obwohl das Gesicht des Kaisers abgerieben und daher heute unkenntlich ist, sprechen der klassische Stil der Darstellung und das Christogramm im Nimbus dafür, daß es sich um ein Bild Kaiser Valentinians I. (364-375) handelt. Die Schale könnte aus Anlaß seines fünf- (369) oder zehnjährigen Regierungsjubiläums (374) hergestellt worden sein.

3. Bruchstücke einer Reliefschale. Großbodungen, Thüringen. Um 390.
Halle, Landesmus. f. Vorgesch. (Kopie RGZM).
Sieben Bruchstücke einer reliefverzierten Silberschale von 26 cm Dm. mit glattem Rand. Erhalten sind noch Teile der Figur eines mit der Chlamys bekleideten thronenden Kaisers, eines links von ihm stehenden, mit Speer und Schild bewaffneten Soldaten und die Schilde zweier Soldaten im Hintergrund.
Die Silberschale gehörte zu einem Schatzfund, der 1936 in Großbodungen entdeckt wurde und der außer zahlreichen Fragmenten zerhackter Silbergefäße und -beschläge auch 21 römische Goldmünzen aus der Zeit von Magnentius (350-353) bis Honorius (395-423) bzw. Constantius III. (421) enthielt. Auf der Silberschale war das Repräsentationsbild eines römischen Kaisers dargestellt, der – nach der symmetrischen Komposition zu schließen – im Kreise von vier Leibgardisten bzw. hohen Würdenträgern thronte. Es handelte sich wahrscheinlich um eine sog. Largitionsschale, die am Festtage eines Kaisers an eine Persönlichkeit von hohem Rang verschenkt worden war. Aus stilistischen Gründen ist sie in die Zeit um 390 zu datieren. Ebenso wie die Münzen, die fast alle im Westen geprägt wurden (Trier, Reims, Arles), dürfte auch die Silberschale in Gallien entstanden sein. Der Schatzfund wurde erst in der ersten Hälfte des 5. Jahrhunderts vergraben. Er gehörte vermutlich einem germanischen Krieger, der im römischen Heer gedient hatte und mit Goldmünzen und Hacksilber entlohnt worden war.

Abb. 6 Theodosiusmissorium (7,1).

D N THEODOSIVS
FELICISSIMVM

Ehrenzeichen. Neben den aufwendigen Edelmetallschalen zeigen kleinere Arbeiten ähnlichen Prachtaufwand. Zepter und Feldzeichen mit den Büsten der Herrscher wurden von Consuln und Feldherren als besondere Auszeichnung geführt. Goldene Gewandspangen als vom Kaiser verliehene Rangabzeichen hoben hohe Beamte hervor. Ehrenringe belegten enge Bindung an das Kaiserhaus. Goldmedaillons mit dem Bild der Herrscher waren wertvolle Ehrengaben.

Vitrine 8

1. Zwei silberne Tetrarchenporträts. Angeblich Kleinasien. Um 300.
   Mainz, RGZM.
   Die beiden 11 cm und 12 cm großen silbernen Köpfchen waren bereits im Altertum mit Absicht demoliert worden. Es gelang, in mühevoller Restaurierung die Köpfe wieder in einen einigermaßen präsentablen Zustand zu versetzen.
   a) Der Kopf ist bis auf einen Teil des Halses und der Büstenvorderseite erhalten *(Abb. 3)*. Obwohl er stark verbogen war, gelang es dem Restaurator, die Züge weitgehend originalgetreu wiederzugewinnen. Einige Schäden sind jedoch geblieben. Es ist die Büste eines Mannes im Panzer mit dem Paludamentum, welches auf der rechten Schulter durch eine runde Fibel zusammengehalten wird. Der Mann ist bartlos, Haare und Brauen sind flach, man hat sie durch eingekerbte Vertiefungen markiert. Augen, Ohren, Nase und Mund sind in groben Zügen gestaltet. Die Kopfform ist massiv und eckig, der Hals ziemlich breit.
   b) Von diesem Köpfchen ist wenig erhalten, Mund, Nase, Kinn und Teile der Wangen sind bereits im Altertum herausgeschlagen worden. Das Thema stimmt mit dem Kopf a) überein. Auch Einzelheiten, wie die Scheibenfibel oder die Gestaltung von Brauen und Haar gleichen sich. Trotz aller Beschädigungen ist zu erkennen, daß es sich um zwei unterschiedliche Personen handelt.
   Eine stilistische Analyse ergibt eine Datierung in die Zeit um 300 n. Chr., also in die Tetrarchenzeit. Die sehr leichten Köpfchen zeigen unten eine glatt abgeschnittene Auflagefläche. Sie konnten auf eine ebene Fläche aufgesetzt werden, wobei sie dann ungefähr in einem Winkel von 45° nach oben standen. Auf diese Weise besteht die Möglichkeit, die beiden Büstchen auf einer runden Scheibe (Phalera) zu montieren. Die Büstchen können Teile von Feldzeichen gewesen sein, wobei sowohl reguläre Truppen wie auch die Prätorianer in Frage kommen.
   Die beiden kleinen Köpfchen vermehren sowohl unsere Kenntnisse tetrarchischer Porträtkunst wie auch unsere Vorstellung von römischen Porträts in Edelmetall.

2. »Kaiserfibel« des Maxentius. Caput Adriae (Aquileia, Italien, oder Čentur bei Koper, Jugoslawien). 30.4.308 - Sommer 309 n. Chr.
   München, Prähist. Staatsslg.
   Die goldene Zwiebelknopffibel ist 5,3 cm lang und wiegt 46,90 g. Nadel und Scharnierachse fehlen, Bügel und Querachse sind leicht verbogen.
   Die Oberseite von Fuß und Bügel ist mit einem niellogefüllten Band verziert, das eine Ranke freiläßt. Der Querarm trägt eine volutenartige Verzierung. Beide Bügelseiten zeigen eingravierte, mit Niello gefüllte Inschriften: links vom Fuß zum Querarm MAXENTI VINCAS, rechts vom Querarm zum Fuß ROMVLE VIVAS.
   Gewandverschlüsse dieser Form gehören zur spätantiken Amtstracht und Uniform von Beamten und Offizieren. Aus bildlichen Darstellungen ist die Tragweise (Fuß nach oben, Querarm unten) bekannt. Neben der normalen Ausführung aus Bronze begegnen auch vergoldete und silberne Stücke. Besonders reich verzierte Exemplare des 4. Jahrhunderts wurden auch aus reinem Gold hergestellt.
   Einige goldene Fibeln tragen Inschriften mit Kaisernamen – die Reihe der derzeit bekannten Stücke (darunter auch eines aus Bronze) reicht von Diocletian (303/4) bzw. der ersten Tetrarchie (284-305), Maximian (284-305 bzw. 307/308) und Constantius Chlorus (293-306) über Konstantin (306/307 und 315/316) bis zu Iulian Apostata (361-363).
   Die Kaisernamen bedeuten nicht, daß diese Fibeln von den jeweiligen Kaisern getragen

wurden (deren Gewandspangen waren große, meist edelsteingeschmückte Broschen mit Pendilien, wie Darstellungen u. a. auf Mosaiken und Originalfunde zeigen). Es handelt sich vielmehr um Auszeichnungen in der Art einer Jubiläums- und Erinnerungsgabe für verdiente höhere Amtsträger und Offiziere (R. Noll). Dies geht schon aus dem Formular der Inschriften hervor, die jeweils auf Regierungsjubiläen (die Dezennalien von Diocletian und Licinius bzw. das 20-jährige Jubiläum des Diocletian und die Dezennalien des Konstantin) hinweisen oder Glück- und Segenswünsche ausdrücken.
So auch die vorliegende Fibel. Sie wünscht dem am 28.10.306 von der Prätorianergarde in Rom zum Kaiser ausgerufenen M. Aurelius Valerius Maxentius »Sieg« und seinem Sohn Romulus »Leben« (VINCAS du mögest siegen, VIVAS du mögest leben).
Maxentius war Sohn des Tetrarchen Maximianus Herculius und durch Heirat mit Valeria Maximilla Schwiegersohn des Tetrarchen Galerius Maximianus. Er trat am 20.4.308 mit seinem damals etwa 14jährigen Sohn Romulus das Konsulat an, dem im folgenden Jahr beider zweites Konsulat folgte. Da Romulus in diesem Jahr (wohl im Sommer) starb, ist die Herstellungszeit der Fibel somit wohl auf 308/309 einzuengen.
Wann die Fibel in den Boden gelangte, ist schwer zu sagen. In der Fundgegend am Caput Adriae stießen die Machtbereiche des Maxentius und der Tetrarchen Galerius und Licinius zusammen. Es muß dort auch Kämpfe gegeben haben, wie die Bearbeitung der Münzschatzfunde von Čentur für das Jahr 310 ergeben hat (H.-J. Kellner). Ebenso gut kann aber auch ein Anhänger des Maxentius das kostbare (und kompromittierende) Stück nach Niederlage und Tod des Maxentius in der Schlacht an der Milvischen Brücke am 28.20.312 dem Boden anvertraut haben.

J. Garbsch

3. Zwiebelknopffibel. Niederemmel, Rheinland-Pfalz. 316.
Trier, Rhein. Landesmus.
Bruchstück einer goldenen, 11,2 cm langen Zwiebelknopffibel, deren Querbalken und Nadelkonstruktion fehlen. Mittelgrat des Bügels und Mittelstreifen des Fußes tragen ein dreizeiliges Flechtband, das mit einer nielloartigen Silberverbindung ausgelegt ist. Auf beiden Seiten des Bügels befinden sich gravierte und niellierte lateinische Inschriften: VOTIS X D N CONSTANTIN AVG – VOTIS X D N LICINI AVG. – Die Unterseite des Bügels trägt den eingeritzten Namen SERVANDVS. Durch die Inschriften auf den Bügelseiten kann die Zwiebelknopffibel in das Jahr 316 datiert werden, in dem die beiden Kaiser Constantin I. und Licinius ihre Decennalien, zehnjähriges Regierungsjubiläum, feierten. Die Niederemmeler Fibel ist die größte der bisher bekannten goldenen »Kaiserfibeln«, die zu besonderen Anlässen als Auszeichnung, Jubiläums- oder Erinnerungsgabe an hohe Beamte und Offiziere verschenkt wurden. Ihr Träger war offenbar jener Servandus, der seinen Namen in die Unterseite des Fibelbügels eingeritzt hat.

K.-J. Gilles

4. Bronzefibel. Gallien. Erstes Drittel des 4. Jahrhunderts *(Abb. 4 u. 5)*.
Mainz, RGZM.
Wie den hohen Reichsbeamten goldene Fibeln bei Einsetzung in ihr Amt überreicht wurden, erhielten auch die niedrigeren Ränge entsprechende Abzeichen aus einfacherem Material. Die Bronzefibel, die feuervergoldet gewesen ist, trägt auf Bügel und Fuß niellierte Büsten Constantins und seiner Mitregenten.

5. Treuering des Kaisers Constantin. Augsburg. Zwischen 312 und 324 (?).
München, Staatl. Antikenslg. (Kopie Prähist. Staatsslg. München).
Der goldene Fingerring von 2,3 cm Durchmesser besteht aus einem 0,55 cm breiten Reif, der sich zu einer Platte von 1,45 x 0,9 cm erweitert. In die Platte sind die Buchstaben FIDEM eingraviert, während der Reif den eingepunzten Namen CONSTANTINO zeigt. Die Inschrift ist also ein Appell an den Träger des Ringes, »dem Konstantin die Treue« zu halten (R. Noll). Gemeint ist Kaiser Constantin I. (306-337).
Bisher sind mindestens 16, vielleicht bis zu 19

solcher Ringe bekannt (drei älteren Funden, deren derzeitiger Verbleib nicht nachzuweisen ist, stehen drei in neuerer Zeit aus Privatsammlungen aufgetauchte, vielleicht mit jenen identische Stücke gegenüber). Die Fundorte reichen von England bis Jugoslawien; die meisten Ringe wurden von Constantin vergeben, drei von seinem jüngsten Sohn Constans (337-350 n. Chr.).
Die Treue (fides) ist eine römische Grundtugend, auch im militärischen Bereich. Sie wird sogar zur Göttin personalisiert und erscheint z. B. auf Münzrückseiten.
Dem Kaiser schuldet jeder die Treue. Wenn sie hier durch die eingravierte Inschrift eigens hervorgehoben wird und zudem diese Inschrift nur auf solchen kostbaren, einheitlich gestalteten Ringen erscheint, muß dies einen besonderen Grund haben. Ringe sind militärische Orden, und so dürften auch diese goldenen Fingerringe als Auszeichnungen zu verstehen sein. Wenn es sich um besondere Treue handelt, dann kann das in dieser unruhigen, von Machtkämpfen der rivalisierenden Kaiser und Thronprätendenten gekennzeichneten Zeit eigentlich nur um Treueprämien für Loyalität in diesen Auseinandersetzungen gehen, also auch für Treuebeweise für Constantin gegen seine Rivalen, speziell gegen Licinius (wodurch die Datierung auf die Zeit bis 324 einzuengen wäre). Letztlich kann die Idee dafür sogar von Constantin selbst stammen – vielleicht als Gegenmaßnahme gegen Gaben des Licinius an treue Gefolgsleute, wie sie die silbernen Largitionsschalen darstellen (E. Tóth).

J. Garbsch

6. Bleimedaillon. Lyon, Frankreich. Um 300.
Paris, Bibl. Nationale, Cabinet des Médailles (Kopie RGZM).
Bei dem Stück (Dm. 8 cm) handelt es sich um den in Blei gedrückten Probeabschlag eines Prägestempels für die Rückseite eines offiziellen Goldmedaillons. Es wurde in der Saône bei Lyon gefunden.
Die runde Bildfläche ist zweigeteilt. Im oberen Bildfeld thronen zwei Kaiser mit Nimbus, umgeben von ihrer Leibgarde. Von rechts nähern sich ihnen Männer, Frauen und Kinder mit bittend erhobenen Händen. Über der Szene steht geschrieben SAECVLI FELICITAS, Heil des Jahrhunderts. Auf dem unteren Bildfeld sind zwei befestigte Städte dargestellt, die durch die Brücke über einen Strom verbunden sind. Auf der Brücke kommen von rechts wiederum Männer, Frauen und Kinder. Über dem Stadttor der linken Befestigung steht MOGONTIACVM, unter der Brücke im Fluß FL(uvius) RENVS und die rechte Befestigung wird als CASTEL(lum) bezeichnet.
Bei dieser Darstellung handelt es sich um die programmatische Verkündigung eines römischen Sieges. Bei den beiden Kaisern wird es sich um Maximianus Herculius und seinen Unterkaiser Constantius Chlorus handeln. Anlaß für die Schaffung des Goldmedaillons wird ein Sieg des Constantius über Germanen im Mainzer Gebiet gewesen sein. Während sie sich den Siegern im oberen Bild um Gnade flehend nähern, werden sie im unteren Bild als Gefangene über den Rhein geführt. Zur Politik der westlichen Herrscher gehörte es nämlich zu Anfang des 4. Jahrhunderts, unterworfene Germanen auf den entvölkerten Ländereien Innergalliens anzusiedeln.
Diese Darstellung ist die älteste Ansicht von Mainz und seines Vorortes Kastel.

7. Medaillons aus dem Schatz von Szilágy-Somlyó, Rumänien. 4. Jahrhundert.
Wien, Kunsthist. Mus. (Kopien RGZM).
   a. Goldmedaillon des Kaisers Maximian (286-305).
   b. Goldmedaillon des Kaisers Valens (364-378).
   c. Goldmedaillon des Kaisers Valens (364-378). Der Herrscher reitet über einen zu Boden gestreckten Krieger der Siegesgöttin Victoria entgegen.
   d. Goldmedaillon des Kaisers Valens (364-378).
   e. Goldmedaillon des Kaisers Valens (364-378). Die thronende Göttin Roma hält in ihrer Linken ein langes Stabzepter, in ihrer Rechten eine Weltkugel, bekrönt von einer Victoria.

Consulardiptychen. Obwohl das altrömische Amt der Consuln, die ursprünglich höchste Regenten des Staates gewesen waren, längst alle Bedeutung verloren hatte, blieb es bis in das 6. Jahrhundert ein hohes Ehrenamt. Es kommt dies darin zum Ausdruck, daß selbst die Kaiser immer wieder diese auf ein Kalenderjahr begrenzte Würde annahmen. In den aus diesem Anlaß versandten Elfenbeintafeln spiegelt sich bis ins 6. Jahrhundert die heidnische Tradition der Circusspiele wider.

Vitrine 9

1. Elfenbeindiptychon des Stilicho und der Serena. Monza, Lombardei, Italien. Um 396.
   Monza, Domschatz (Kopie RGZM).
   Auf der 32,2 cm hohen Tafel A *(Abb. 7, rechts)* ist der Consul Stilicho als Magister militum in Feldherrnmantel und Tunica mit Kaisermedaillons abgebildet. Die Rechte hält die Lanze, die Linke stützt sich auf einen Schild mit den Büsten der Kaisersöhne. Er trägt ein Schwert mit spitzkugeligem Knauf.
   Tafel B *(Abb. 7, links)* zeigt Serena, die Gemahlin des Feldherrn, eine Nichte des Kaisers Theodosius mit ihrem Sohn Eucherius. Serenas Rose und ihr edelsteinbesetzter Gürtel weisen auf ihre kaiserliche Herkunft. Der Knabe zu ihrer Rechten ist als Tribunus und Notarius dargestellt. Sein Feldherrnmantel wird wie der seines Vaters mit einer Zwiebelknopffibel gehalten; die Rechte im Redegestus erhoben, trägt er links sein Protokollbuch.
   Theodosius hatte den aus wandalischem Adelsgeschlecht stammenden Offizier Stilicho zum Generalissimus und Reichsverweser für seinen unmündigen Sohn Honorius – Kaiser des Westreiches von 395-423 – ernannt. 408 wurde Stilicho durch die römische Adelspartei gestürzt und hingerichtet.

2. Elfenbeindiptychon mit Kaiserpriester. FO. unbekannt. Um 400.
   Paris, Louvre (Kopie RGZM).
   Das 17,5 cm hohe, ehemals aus der Sammlung Gabrielle in Neapel stammende Diptychon zeigt in der oberen Hälfte einen Kaiserpriester als Spielgeber in Tunica und mit typischer Priesterkrone. Zu den Insignien der Kaiserpriester gehörte eine sogenannte Büstenkrone, die aus einem flachen Reif mit kleinen Büstenaufsätzen bestand.
   Die Köpfe an der Krone dieses Elfenbeindiptychons sind flach knopfförmig, ohne erkennbare Reliefbüsten wiedergegeben.
   Auf Tafel A hält der Kaiserpriester die Mappa, mit der er die Circusspiele eröffnet, im Schoß, auf Tafel B weitere Schriftstücke (Codicilli). In den oberen Ecken sind links Helios und rechts Selene wiedergegeben. Auf jeder Tafel sind im unteren Abschnitt Circusspiele dargestellt, jeweils ein Jäger mit Bären.

3. Elfenbeindiptychon des Felix. Limoges, Dép. Haute-Vienne, Frankreich. 428.
   Paris, Bibl. Nationale, Cabinet des Médailles (Kopie RGZM).
   Consulardiptychon mit giebelförmigem oberen Abschluß. H. 29,2 cm. Die Darstellung der verschollenen Tafel B ist durch einen Stich von Mabillon (1706) überliefert. Tafel A zeigt den mit Tunica und Toga, dem Festgewand, bekleideten Consul Felix vor einem Portal mit seitlich gerafften Vorhängen. In der linken Hand hält er ein Zepter mit den Büsten der beiden regierenden Kaiser Theodosius II. und Valentinian III. Die Tafel über seinem Haupt trägt die Inschrift: FL(avii) FELICIS V(iri) C(larissimi) COM(itis) AC MAG(istri).
   Auf der verschollenen Tafel B war Consul Felix im Gewand eines Patricius, d.h. eines Senators aus aristokratischer Familie, mit einer Schriftrolle – der Ernennungsurkunde – in der Hand dargestellt. Die Tafel trug die Überschrift: VTR(ius) MIL(itiae) PATR(icius) ET CO(n)S(ulis) ORD(inarii).
   Flavius Felix war im Jahre 425 ein Reichsfeldherr des Kaisers Valentinian III. und wurde 430 auf Betreiben des Aetius ermordet. Das Diptychon des Felix befand sich bis zum Jahre 1804 in der Benediktinerabtei St. Junien bei Limoges.

4. Elfenbeindiptychon. Bourges, Dép. Cher, Frankreich. Erste Hälfte des 5. Jahrhunderts.
   Bourges, Musée du Berry (Kopie RGZM).
   Tafel A des 20,7 cm hohen Consulardiptychons zeigt den mit einer Toga bekleideten Consul, der vor einem Tribunal am Rande der

Arena thront. In der erhobenen rechten Hand hält er die Mappa – ein Tuch, mit dem er die Circusspiele eröffnet hat – und in der linken ein Zepter mit den Büsten der beiden Kaiser des Ost- und Westreiches. Neben ihm stehen zwei jugendliche Amtsdiener (Lictoren), die Rutenbündel (Fasces) in den Händen halten. In der unten dargestellten Arena steht ein Tierkämpfer inmitten wild fauchender Panther. Einen davon hat er bereits mit der Lanze aufgespießt. Zum Zeichen seines Erfolges erhebt er die rechte Hand.
Das Bild des thronenden Consuls auf Tafel B *(Abb. 8)* gleicht jenem auf Tafel A. In der Arena findet jedoch eine Löwenjagd statt. Der Gladiator stößt einem der fünf Löwen mit der Lanze ins Herz.
Da die Toga des Consuls jener des Aspar und Ardabur auf dem Silbermissorium des Jahres 434 gleicht, kann man dieses Diptychon in die erste Hälfte des 5. Jahrhunderts datieren.
Es gehörte der Bibliothek des Domkapitels St. Étienne zu Bourges.

5. Elfenbeindiptychon des Asturius. Lüttich, Belgien. 449.
Darmstadt, Hessisches Landesmus. (Kopie RGZM).
Von dem 17,2 cm hohen Consulardiptychon ist Tafel A verschollen, aber durch Zeichnungen des 16. Jahrhunderts überliefert. Sie trug demnach eine Darstellung des thronenden Consuls Asturius, die jener der Rückseite nahezu völlig glich. Die Überschrift lautete: FL(avius) ASTVRIVS V(ir) C(larissimus) ET IN(lustris) COM(es) EX.
Tafel B: Vor einem Tribunal mit vier korinthischen Säulen im Hintergrund ist der auf einem Sitz mit Löwenfüßen (Sella currulis) thronende und in feierliche Staatsgewänder (Tunica, Dalmatica, Toga contabulata) gekleidete Consul Asturius dargestellt. In der rechten Hand hält er seine eingerollte Ernennungsurkunde, in der linken ein Zepter mit den Büsten der beiden regierenden Kaiser Theodosius II. und Valentinian III. Neben ihm stehen zwei Amtsdiener (Lictoren), die Ruten (Fasces) in den Händen halten. Unter dem oberen Randabschluß verläuft die Inschrift (Fortsetzung von Tafel A): MAG(istro) VTRIVSO(que) MIL(itiae) CONS(ul) OE(r)D(inarius).
Der Consul Flavius Asturius war vermutlich ein Gallier und kämpfte als Feldherr in Gallien und Spanien. Sein Consulat trat er 449 in Arles an. Das Diptychon wurde im 9. Jahrhundert zum Schmuck eines Evangeliardekkels wiederverwendet.

Vitrine 10

1. Elfenbeindiptychon des Sividius. Gerunden, Kt. Wallis, Schweiz. 488.
Paris, Bibl. Nationale, Cabinet des Médailles (Kopie RGZM).
Von dem 34,7 cm hohen Consulardiptychon ist Tafel B seit 1788 verschollen. Die Inschrift steht in einem von Akanthusranken gerahmten Medaillon im Mittelpunkt der Tafel A, die in den Ecken mit je einer Rosette verziert ist. Die Inschrift lautet: RVFIVS ACHILIVS SIVIDIVS V(ir) C(larissimus) ET INL(ustris) EX PRAEF(ecto) VRBIS. Im Medaillon der verlorenen Tafel B stand die Inschrift: PATRICIVS ITERUM PRAEF(ectus) VRBIS CONSVL ORDINARIVS.
Rufius Achilius Sividius, der aus einer bereits um 400 in Rom nachweisbaren Familie stammt, trat sein Consulat im Jahre 488 an. Der Inschrift zufolge war er gleichzeitig zum zweiten Mal Praefekt der Stadt Rom.
Das Diptychon wurde 1788 in der Kartause von Gerunden entdeckt. Schwache Spuren von Inschriften lassen darauf schließen, daß es schon im Mittelalter in kirchlichem Gebrauch gewesen war.

2. Elfenbeindiptychon des Areobindus. FO. unbekannt. 506.
Zürich, Schweiz. Landesmus. (Kopie RGZM).
Beide 36 cm hohen Tafeln sind im gleichen Schema gestaltet. Über zwei korinthischen Kapitellen die Tabula ansata:
Taf. A: FL(avius) AREOB(indus) DAGAL(aifus) AREOBINDVS V(ir) I(nlustris);
Taf. B: EX C(omite) SAC(ri) STA(buli) ET M(agister) M(ilitum) P(er) OR(ientem) EX C(onsule) C(onsul) OR(dinarius).
Unter der Inschrifttafel ist eine Tribunalszene dargestellt. Der Consul Areobindus thront in

Abb. 7 Elfenbeindiptychon: Stilicho und Serena (9,1).

der üblichen Amtstracht (Tunica und verzierter Toga und dem von der rechten Schulter unter die Toga geführten Streifen) auf der Sella curulis (Amtssessel), einem Sitz mit Löwenfüßen; seine Füße ruhen auf einem Schemel. Auf den Ecken des Sitzes sind zwei ungeflügelte Genien dargestellt, die ein unverziertes Medaillon über ihrem Kopf halten.

Areobindus hält in der Linken ein Zepter mit einem Adler im Kranz und auf der Querstange darüber mit der Figur eines Kaisers mit Globus und Lanze. Mit der Rechten erhebt er die Mappa, das Tuch, mit welchem er die Circusspiele eröffnet. Hinter ihm stehen zwei Begleiter im Mantelumhang (Chlamys) mit Zwiebelknopffibel.

Neben der Mappa kennzeichnet auch der untere Teil des Diptychon den Consul als Spielgeber. Über einer Balustrade sind Zuschauer dargestellt, die auf Circusspiele in der Arena hinabschauen. Auf Taf. A kämpfen venatores mit kurzem Jagdspieß gegen Löwen, auf der beschädigten Taf. B werden Bären gehetzt. Die Anordnung der Inschrift deutet darauf hin, daß das Diptychon in Constantinopel angefertigt wurde, und zwar zum Jahre 506, in welchem Areobindus das Consulat bekleidete.

3. Elfenbeindiptychon des Areobindus. FO. unbekannt. 506.
   Paris, Louvre (Kopie RGZM).
   In der Mitte des 36 cm hohen Diptychons ist ein Medaillon mit dem Portrait des Consuls in Triumphalgewändern abgebildet. Auf dem Zepter in seiner Linken ist eine Kaiserbüste dargestellt, in der linken erhobenen Hand hält der Consul die Mappa. Über und unter dem Medaillon erscheint in Rauten mit Füllhörnern und Ranken das Monogramm des Areobindus in griechischen Reliefbuchstaben.
   Das Relief der Rückseite wurde im 9. Jahrhundert mit der Darstellung des Paradieses neu geschnitzt. Auf Adam und Eva im oberen Feld folgen sechs weitere Szenen mit Kentauren, Sirenen, Fabelwesen und Tieren.
   Dem Monogramm des Areobindus zufolge, ist das Diptychon zum Jahre 506 in Constantinopel entstanden, als Areobindus das Consulamt innehatte.

4. Elfenbeindiptychon des Anastasius. FO. unbekannt. 517 *(Abb. 9)*.
   Verona, Bibl. Capitolare (Kopie RGZM).
   Die 36 cm hohe, erhaltene Diptychontafel zeigt am oberen Rand die Inschrift: V(ir) INL(ustris) COM(es) DOMESTIC(orum) EQVIT(um) ET CONS(ul) ORD(inarius).
   Der Consul thront auf dem Amtssessel mit Löwenfüßen (der Sella curulis), der mit Büsten von Stadtgöttinnen und zwei Victorien verziert ist. Seine Füße setzen auf einem Schemel auf. Der in feierliche Staatsgewänder gekleidete Consul trägt in der Linken ein Zepter mit Adler im Kranz und drei Büstenaufsätzen, in der Rechten hält er die Mappa. Über dem Giebelfeld sind Medaillons des Kaisers Anastasius (Mitte), der Kaiserin Ariadne (links) und eines Consuls(?) angebracht, auf den Giebelschrägen stehen Victorien.
   Im unteren Abschnitt werden Pferde von Amazonen vorgeführt, darunter eine Theaterszene, Flötenbläser und Organist.
   Zwei erhaltene Diptychontafeln in Paris (Cabinet des Médailles) mit analoger Inschrift und ergänzender Inschrift auf der zweiten Tafel weisen die oben beschriebene als Diptychontafel des Consuls Flavius Anastasius, eines Großneffen des Kaisers Anastasius, aus. Sie dürfte im Jahre 517 in Constantinopel entstanden sein.

5. Elfenbeindiptychon des Justinus. FO. unbekannt. 540.
   Berlin, Staatl. Mus. Preuß. Kulturbesitz (Kopie RGZM).
   Die 33,5 cm hohen Tafeln unterscheiden sich vor allem durch die Inschriftfelder am oberen Rand.
   Taf. A: FL(avius) MAR(cianus[?]) PETR(us) THEODOR(us) VALENTI(nus) RVST(icius[?]) BORAID(es) GERM(anus) IVST(inus).
   Taf. B: V(ix) SNL(ustris) C(omes) DOM(esticorum) ET CONS(ul) ORD(inarius).
   Beide Tafeln zeigen in einem Kreismedaillon die Halbfigur des Consuls Justinus mit bartlosem Antlitz, in der Rechten die Mappa und in der Linken das Zepter mit der Büste des Kaisers Justinian als Togatus. Die übrige Tafelfläche ist von einem ornamentalen Rankenge-

Abb. 8 Elfenbeindiptychon, Bourges (9,4).
Abb. 9 Elfenbeindiptychon: Anastasius (10,4).

winde angefüllt. Unter der Inschrifttafel befinden sich drei Bildnisschilde: Im mittleren Christus mit Kreuznimbus, links Kaiser Justinian in Chlamys mit Prunkfibel und rechts Kaiserin Theodora mit Diadem, Ohr- und Halsschmuck. Unten sind jeweils zwei mit kurzer Tunica bekleidete Knaben damit beschäftigt, Geld in Gefäße zu schütten.

Justinus war der Sohn des Germanicus, eines Vetters Kaiser Justinians, und bekleidete schon in jugendlichem Alter von 8-10 Jahren das Consulamt.

Der Kalender des Valentinus. Zu den eindrucksvollsten Denkmälern der Repräsentationskunst aus dem 4. Jahrhundert gehört ein Kalender für das Jahr 354. Als Buch gearbeitet, zeigte er neben einer Dedikationsseite für den Empfänger die Bilder der in diesem Jahr regierenden Consuln – des Kaisers Constantius und seines Mitregenten Gallus. Auf vier weiteren Seiten sind Repräsentationen der Städte Rom, Constantinopel, Trier und Alexandria wiedergegeben. Auf weiteren Blättern sind die Wochentage dargestellt; die zwölf Monate finden sich doppelt als allegorische Darstellung und als Datumsblätter, auf denen neben den Festdaten bildlich die Wechsel des Tierkreises angezeigt werden. Eine besondere Seite gilt den kaiserlichen Festen, d.h. den Staatsfeiertagen. Die enge Verbindung des Empfängers zum constantinischen Herrscherhaus drückt eine besondere Seite aus, auf der ihm Glück wie den Herrschern gewünscht wird. Obwohl der Empfänger ein Christ war, wie die Dedikationsseite mit dem christlichen Segenswunsch *floreas in Deo* – gedeihe in Gott – anzeigt, ist der Kalender in vielfältiger Weise von heidnischem Geist geprägt. Auf den Seiten der Tage lassen dies die Darstellungen der Planeten erkennen. Unter den Darstellungen der Monate finden sich Bilder des heidnischen Opferzeremoniells. Bei den Festtagen sind durchweg die heidnisch-religiösen Feiern verzeichnet, nicht aber ein einziges christliches Fest. Auch in der Auswahl der Stadtpersonifikationen wird der heidnische Geist sichtbar. Neben den Hauptstädten Constantinopel und Trier erscheinen Rom, das alte Zentrum des Reiches, sowie Alexandria, Inbegriff heidnisch-klassischer Tradition. Trotzdem ist auch der Künstler, der seinen Namen in der Kartusche des Dedikationsblattes festgehalten hat, Philocatus, zumindest in späteren Jahren seines Lebens, Christ gewesen. Er ist uns überliefert als Schriftkünstler, der zahlreiche Epigramme des Papstes Damasus (366-384) in Stein geschlagen hat.

Das Original des Kalenders ist verloren gegangen und nur – allerdings sehr sorgfältige – Kopien des französischen Gelehrten Peiresc aus der Zeit um 1620 vermitteln uns eine ungefähre Vorstellung von diesem prächtigen Denkmal aus der Welt des späten Heidentums.

Vitrine 11

Blätter des Kalenders des Valentinus für das Jahr 354.

Rom, Bibliotheca apostolica Vaticana (Faksimiles RGZM).

1. Widmungsblatt des Künstlers, Philocatus, an Valentinus.
2. Wunsch für das kaiserliche Glück.
3. Die kaiserlichen Feste.
4. Der Kaiser *(Abb. 10)* und Gallus als Consuln von 354.
5. Allegorie und Festtafel für Oktober. Die Allegorie zeigt den Oktober als Monat der Jagd, der Ernte und des Weines. Auf der Festtafel ist der Eintritt des Oktobers in das Sternzeichen des Skorpions angezeigt.
6. Allegorie und Festtafel für November. Die Allegorie erscheint als heidnischer Priester ägyptischer Kulte. Auf der Festtafel ist das Eintreten des Novembers in das Sternzeichen des Schützen angezeigt.
7. Personifikationen der Städte Rom, Alexandria, Trier *(Abb. 11)* und Constantinopel.
8. Blätter der Wochentage Montag, Dienstag, Mittwoch, Samstag, Sonntag. Im Zentrum der architektonisch komponierten Tafeln stehen Bilder der Mondgöttin, des Mars, des Merkur, des Saturn und des Sol.

Abb. 10-11 Kalender des Valentinus: Kaiser Constantius (11,4) und Personifikation der Stadt Trier (11,7).

TREBERIS

Gardewaffen. Unter den Waffen des spätrömischen Heeres fällt eine kleine Gruppe auf, die sich durch besonderen Zieraufwand auszeichnet. Vergoldungen, Beschlagen mit Silber und kunstvolles Tauschieren zeigen an, daß es sich nicht um normales Kriegsgerät handelt. Die Stücke stammen sicherlich aus dem Besitz hoher Offiziere und Angehöriger der kaiserlichen Gardetruppen. Sie lassen etwas von dem Glanz erkennen, den das Heer im Umkreis des Kaisers ausstrahlte.

Vitrine 12

1. Helm. Deurne, Prov. Nord-Brabant, Niederlande. 320 *(Abb. 12)*.
   Leiden, Rijksmus. van Oudheden (Kopie RGZM).
   Vergoldeter Silberblechüberzug eines eisernen Kammhelmes. Der völlig vergangene Eisenhelm bestand aus einer zweischaligen, ledergefütterten Kalotte, die durch einen Scheitelkamm und ein Stirnband zusammengehalten wurde, das über den Brauen halbkreisförmig ausgeschnitten und mit einem Nasenschutz versehen war. Am Stirnband waren Nackenschutz und zwei schwere Wangenklappen mit Lederriemchen befestigt. Die mit halbkugeligen Silbernieten auf dem Eisenhelm befestigten, vergoldeten Zierbleche sind mit gepunzten Ornamentstreifen umrandet und tragen in den Innenflächen unterschiedliche Zeichen aus Perlstäben. Das Stirnband trägt auf der rechten Seite die in Großbuchstaben eingeritzte Inschrift STABLESIA VI. Auf dem Mittelfeld der Nackenschutzplatte steht in Kursivschrift der Name M. TITVS LVNAMIS und die Gewichtsangabe LIBR I-L (1 Pfund und 1½ Unzen = 368,382 g). Dm. 20 cm.
   Die 1910 entdeckten Funde aus dem Torfmoor von Deurne, der Helm und weitere Ausrüstungsteile sowie Münzen, stammen offenbar von einem römischen Offizier, der mit seinem Pferd ins Moor stürzte und dabei ums Leben kam. Seine Leiche und die des Pferdes sind ebenso im Moor vergangen wie die Eisenbestandteile seines Helmes und sein eiserner Panzer. Den stempelfrischen Münzen seiner Geldbörse nach zu schließen, muß er im Jahre 319/20 verunglückt sein. Darauf, daß mindestens zwei Personen vergeblich versucht hatten, ihn zu retten, weisen überzählige Lederschuhe hin, die dabei wohl verlorengingen. Der Inschrift auf dem Stirnband des Helmes zufolge, gehörte der Verunglückte zur Vexillatio comitatensis stablesiana VI, einer Gardereitertruppe, die noch in der Notitia Dignitatum (vgl. Schautafeln) verzeichnet ist. Sein mit Nackenschutz und schweren Wangenklappen versehener Helm ist ein typischer Reiterhelm, der letztlich auf sassanidische Vorläufer zurückgeht. Bei den Römern ist er zum ersten Mal für Kaiser Constantin I. belegt, der einen mit Juwelen geschmückten Goldhelm dieses Typs mit Busch, Nackenschutz und Wangenklappen bei der Entscheidungsschlacht auf der Milvischen Brücke vor Rom im Jahre 312 getragen hat. Solche Helme gehörten zur Rüstung des römischen Heeres, doch blieben jene mit kostbarem Silberblechüberzug zweifellos auf Inhaber hoher militärischer Ränge beschränkt. Die jüngsten Exemplare dieses Typs fanden sich in den völkerwanderungszeitlichen Fürstengräbern von Vendel in Schweden aus der Zeit um 600 n. Chr.
   Die Gewichtsangabe und der Name stammen entweder von dem Barbaricarius, einem Spezialschmied, der den Helm in einer der staatlichen Waffenfabriken mit Silberblech überzogen hat, oder von einem Verificator, der das verwendete Silber kontrollieren mußte.

2. Helm. Augsburg-Pfersee. 4. Jahrhundert.
   Nürnberg, Germ. Nationalmus. (Kopie RGZM).
   Der Helm bestand ursprünglich aus einer aus zwei Halbschalen zusammengenieteten ovalen Kalotte mit Kamm und fest angenietetem Nasenschutz sowie einem durch einen Lederstreifen elastisch angenieteten halbkreisförmigen Nackenschutz und zwei beweglich angebrachten Wangenklappen. Das Material ist Eisen, das mit vergoldetem Silberblech überzogen war und innen ein Lederfutter trug. Die Überzüge sind mit von der Rückseite des

Abb. 12 Helm von Deurne (12,1).

Blechs eingepunzten Ornamentstreifen dekoriert. Sie bestehen aus Perlstäben, S-Haken und Würfelaugen. In den Ecken sitzen gestielte Trauben aus Kreispunzen. Der Nasenschutz ist teilweise erhalten, ebenso der Nackenschutz.

Die leichte Ausführung der Wangenklappen läßt vermuten, daß es sich um Infanteriehelme handelt. Die Reiterhelme tragen schwere Wangenklappen, dazu aus Stabilitätsgründen einen zusätzlichen Stirnreif.

Die Einführung der aus dem sassanidischen Bereich stammenden Helmform erfolgte offenbar unter Constantin, der jedenfalls bei der Schlacht an der Milvischen Brücke 312 einen solchen Helm mit Goldblechüberzug und eingesetzten Edelsteinen trug. Aber auch noch für Valentinian I. ist im Jahr 368 ein solcher Helm bezeugt (Amm. Marc. 27, 10, 11 *galeam eius cubicularius ferens auro lapillisque distinctam* seinen mit Gold und Steinen verzierten Helm trug der Kämmerer).

Im Lauf des 4. Jahrhunderts wird sich der neue Helm in einfacherer Ausführung (vergoldetes Silberblech statt Goldblech, keine Steine oder Glasimitationen statt der Edelsteine) auch an der Spitze des Offizierkorps und bei der Garde als Rangabzeichen durchgesetzt haben.

Die Herstellung derartiger Helme erfolgte in den kaiserlichen Waffenfabriken, wobei die sog. Barbaricarii die Edelmetallüberzüge anfertigten. Aus einem Erlaß des Jahres 374 (Cod. Theod. 10, 22, 1) ist bekannt, daß ein Mann pro Monat sechs Helme fertigen mußte. Mit den bisher bekannten Stücken ist somit nur die Produktion eines Mannes von 2½ Monaten bekannt.

J. Garbsch

3. Helm. Augst, Kt. Basel-Land, Schweiz. 4. Jahrhundert.
Augst, Römermuseum (Rekonstruktion RGZM).
Zweischaliger Eisenhelm mit 3,7 cm breitem Kamm, beweglichen Wangenklappen und Nackenschutz. Kalotte und Wangenklappen weisen Aussparungen für die Ohren auf. An den Rändern der Eisenteile sitzen die Löcher von Nieten, mit denen das Lederfutter befestigt war. In der rückwärtigen Mittelbahn des Kammes befinden sich Schlitze, in die der Helmbusch eingesetzt werden konnte. L. 23,5 cm.
Der Eisenhelm besaß offenbar keinen Überzug aus Silberblech und gehörte daher wohl einem einfachen römischen Soldaten der Infanterie, der im nahen Kastell Kaiseraugst stationiert war.

4. Lanzenspitze. Trier, aus der Mosel bei der Römerbrücke. Zweite Hälfte 4. Jahrhundert.
Trier, Rhein. Landesmus.
Die Lanzenspitze zeigt eine lange, konische Tülle mit Verlängerung der Schafthalterung durch zwei Laschen, von denen noch eine erhalten ist (erh. Länge 38 cm). Zusätzlich ist in der Tülle ein Aufhalter mit Nietkopf und Ringhülse seitlich montiert, während an der Gegenseite nur die Bohröffnung zur Befestigung des Aufhalters erhalten ist. Die Tülle verengt sich zum Lanzenblatt hin und wird durch zwei Wulstringe mit umlaufenden Kerben und einer Doppelkerbe abgeschlossen. Das Lanzenblatt greift mit gerundet ausschwingender Kontur auf eine Breite von 5 cm aus, während in der Achse zur Tülle eine stark ausgeprägte Verstärkungsrippe erhalten ist, an deren Ansatz, ziemlich am unteren Blattrand, deutlich 0,8 cm breite kreisförmige Ausschnitte seitwärts ansetzen. Sie waren wohl zum Einhängen von Truppenzeichen (Wimpeln, Bändern, Tier-, Pferdeschweifen oder Metallzeichen, Glöckchen) bestimmt.
Das Lanzenblatt ist in der Kontur im unteren Drittel dreieckig, schwingt dann mit flauer Rundung etwas ein und läuft mit gleichmäßiger, geradliniger Kante in die Spitze aus.
Diese Lanzenform ist, mit Ausnahme der Bohrungen am Blattende, z. B. auf dem Elfenbeindiptychon des Stilicho um 396 (Monza, Domschatz) in Kontur und Gliederung gleichartig vertreten (vgl. Vitrine 9, Nr. 1).

H. Cüppers

5. Lanzenspitze mit Einlegearbeit. Trier, aus der Mosel bei der Römerbrücke. Zweite Hälfte 4. Jahrhundert.
Trier, Rhein. Landesmus.
In Verbindung mit Gerbsäuren der Holzsubstruktionen im Flußbett, Eisen und anderen

Wirkstoffen, haben sich z. T. unförmige Konglomerate gebildet, die oftmals wegen der beigemengten zahllosen Münzen zerkleinert wurden, um die eingebackenen Objekte herauszuschälen.
Die hier gezeigte Lanzenspitze war ebenfalls in ein Konglomerat von Rost, Kies und organischen Beimengungen (Holzspreißel) verbacken, das aber seiner verschliffenen Kontur nach als Lanzenspitze bestimmt werden konnte, zumal auch eine Kante der Tülle freilag.
Die Röntgenaufnahme ließ Buntmetalleinschlüsse in scharfer Konturierung erkennen, die ein schichtenweises Abtragen der Auflagerungen ermöglichte. Da die Eisenbestandteile fast vollkommen gelöst waren und sich nur noch als rostige, z. T. lockere Masse darstellten, mußten eine Entsalzung und schließliche Tränkung mit Kunstharzen vorgenommen werden.
Die Lanze ist noch auf 31,5 cm Länge erhalten. die Tülle als Halterung für den Holzschaft ist 6,5 cm lang und hat einen Dm. von 3,4 cm. Das Lanzenblatt ist 24 cm lang und 5,8 cm breit, mit deutlich vortretender Verstärkungsrippe, die zur Spitze hin in einen massiv rhombischen Querschnitt übergeht, während die seitlichen Blatteile in einer Kehle zur Spitze übergehen. Die Verzierungen aus Kupferblech, Messing und Punzmustern sind in drei Zonen von der Tülle zur Spitze hin angeordnet.
Die konisch nach oben hin verengte Tülle ist am unteren Ende abgebrochen und verrostet. Zwischen zwei eingelegten Messingringen, die mit Inschrift versehen sind, von denen aber der untere Ring nur noch als leicht eingetiefte Kerbe erschlossen werden kann, ist eine Zone von 3 cm langen Lamellen erhalten, die gleichmäßig mit abgerundeten Enden und in das Eisen eingetieft, mit Messing ausgelegt sind.
Auf dem erhaltenen Inschriftband aus Messing ist zu entziffern: ANBIANIONI · VIVAS.
Auf dem verbreitert eingetieften Lanzenblatt sind beidseits der Mittelrippe Kreisringe mit Mittelpunkt und je zwei dreieckige, durch Schrägstriche untergliederte Messingblätter eingesetzt. Der obere Rand des zur Spitze gekehlten Überganges wird durch nach unten offene Halbbögen aus Kupfer begrenzt.
Auf dem breiteren Teil der Spitze sind paarweise angeordnete und zueinander gerichtete Büsten eingelegt, deren Körper aus Kupfer, die Köpfe aus Messingblech bestehen. In stark abgekürzter Form sind Falten und je eine Scheibenfibel an der Schulterkontur eingeritzt. Bei den leicht zur Seite gerichteten Gesichtern sind Augen, Nase und Mund in knappen Strichen wiedergegeben, die Augen leicht mandelförmig angelegt. Das Haar wird durch Punkte als kurzes Stoppelhaar gekennzeichnet.
Parallelen zu dieser Art der Prachtlanzen, die am ehesten im Umkreis einer kaiserlichen Leibgarde zu suchen sind, sind m. W. bislang nicht bekannt geworden. Vom Dekor her liegt es nahe, in den paarweise angeordneten Büsten ein Kaiserpaar zu erkennen, das zu gleicher Zeit im westlichen Reichsteil die Herrschaft innehatte. Hier wird man an Valentinian I. denken wollen, der früher als Heerführer am Rhein tätig war, 364 zum Augustus ausgerufen wurde, Valens zum Mitaugustus berief und bald seine Residenz in Trier bezog.
367 war er von Amiens, dem Vorort der Ambiani, aufgebrochen und hielt seine Residenz bis zu seinem Tode 375 in Trier. Die Notitia Dignitatum bezeugt (or. 6, 36) Equites catafractarii Ambianenses und an anderer Stelle (occ. 9, 39) Ambianenses spatharia et scutaria, militärische Spezialeinheiten, die aus dem Stammesgebiet der Ambiani rekrutiert worden waren.
Die zweite Büste, in der Detailzeichnung nicht unterschieden, wird auf Gratian weisen, der am 18. April 359 geboren, seit 367 zum Mitherrscher im Westen von Valentinian erhoben worden war und bis zur Ermordung durch Magnus Maximus 383 in Trier residiert hat.
In dem inschriftlich auf der Lanzenspitze genannten ANBIANIONI wird man einen Ambianer als Besitzer der Lanze sehen dürfen, der wohl als Offizier der kaiserlichen Leibgarde angehörte.
Die in der Technik der Tauschierung ausge-

führten Verzierungen sind herkömmlicherweise auf schmale, mit dem Grabstichel (von dreieckigem Querschnitt, an der Auflage breiterem Stechmesser) eingeschnittene Ornamente begrenzt. Das eingefügte, andersfarbige Metall wird durch die Beihämmerung in der seitlichen Nut gehalten. Von einer bestimmten Größe an mußte entsprechender Dekor zusätzlich durch Niete gehalten werden, oder durch Lötungen, wodurch sich ganz andere Verzierungsweisen und Wirkungen ergaben. Die technische Übereinstimmung und geographische Nähe der hier vorgeführten Funde läßt vermuten, daß die ausführende Werkstätte ebenfalls in diesem Raume zu suchen ist.

H. Cüppers

SARKOPHAGE MIT CHRISTLICHEN SZENEN

Während Zeichen des Christentums in der staatlichen Repräsentation kaum Aufnahme fanden, sind uns eindrucksvolle Denkmäler mit Darstellungen aus der Welt der neuen Religion im privaten Bereich überliefert. Zu den bemerkenswertesten Arbeiten gehören die großen, plastisch verzierten Sarkophage des 4. Jahrhunderts. In ihnen spiegeln sich sowohl das Selbstbewußtsein wie die Glaubensvorstellung ihrer Auftraggeber wider. So wie der Kaiser, umgeben von seiner Leibgarde, vor repräsentativer Architektur thronend dargestellt wird, so wie die hohen Beamten in der Circusloge die offiziellen Festspiele leiten, wird nun Christus, umgeben von seinen Jüngern, auf dem Hintergrund aufwendiger Gebäudesilhouetten gezeigt. Daneben finden sich Bilderzyklen, die älterer römischer Tradition folgend, Szenen der biblischen Geschichte bandförmig aneinanderreihen. Charakteristisch für die Auswahl der Themen ist die Vorliebe für die Darstellung von Wundern und Rettungen. Hierin wird einerseits die Hoffnung deutlich, die die Gläubigen an die Erlösung durch Christus knüpften, andererseits aber auch sicherlich eine Erinnerung an die noch nicht lange zurückliegenden Zeiten der großen Verfolgungen sichtbar, in denen die Gewißheit auf göttliche Rettung Kraft für das Bekenntnis gab.

Sarkophag 1

Mailand, Italien. Ende des 4. Jahrhunderts.

Mailand, Basilika S. Ambrogio (Kopie RGZM).

Marmorsarkophag mit Deckel. L. 2,30 m. Der Sarkophag ist auf allen Seiten plastisch verziert. Das Deckelrelief der Vorderseite zeigt in der Mitte ein Medaillon mit den Büsten eines Ehepaares, für das der mächtige Sarg bestimmt war. Links des Medaillons sind die drei Jünglinge dargestellt, die die Anbetung des Herrscherbildes von Nebukadnezar verweigern. Rechts des von zwei Eroten gehaltenen Medaillons sind die Heiligen drei Könige bei der Anbetung des Christuskindes zu sehen. Die ganze Vorderseite des Sarkophages wird von der Szene des erhöht thronenden Christus eingenommen, der die um ihn sitzenden Jünger belehrt.

Auf der rechten Schmalseite des Sarkophags ist die Himmelfahrt des Elias dargestellt, wie dieser im von vier Pferden gezogenen Wagen die Erde verläßt. Im Giebelfeld des Deckels ist das Christuskind in der Krippe zwischen Ochs und Esel gezeigt. Im linken Teil der linken Schmalseite sind die Prophetensöhne mit dem Bären wiedergegeben. Daran schließt sich nach rechts eine Lehrszene an. Im Giebelfeld des Deckels findet sich zwischen Vögeln das bekränzte Christogramm, das von Alpha und Omega umgeben ist.

Die große Rückseite des Sarkophags ist wieder als geschlossene Szene gestaltet. Erhöht stehend predigt Christus den Jüngern über einem Fries von Lämmern.

Sarkophag 2

Arles-Trinquetaille, Dép. Bouches-du-Rhône, Frankreich. Zweites Viertel des 4. Jahrhunderts *(Abb. 13)*.

Arles, Musée Lapidaire d'Art Chrétien (Kopie RGZM).

Marmorsarkophag mit Deckel. L. 2,05 m. Den Mittelpunkt der dreizonigen Reliefverzierung auf der Vorderseite von Sarkophagkasten und -deckel bildet ein Muschelmedaillon mit den Büsten der Verstorbenen. Der Mann, bekleidet mit der Toga, hält in der Linken eine Schriftrolle, während die Rechte im Redegestus vor der Brust erhoben ist. Die Ehefrau trägt zu ihrer kunstvollen Frisur Hals- und Armschmuck.

Die linke Szene des Deckelfrieses zeigt, wie Nebukadnezar, König von Babylon, vergeblich versucht, die hebräischen Jünglinge zur Anbetung seines Bildes zu zwingen. Rechts von dem leeren, kreisrunden Medaillon Abraham, der durch die Hand Gottes an der Opferung seines Sohnes Isaak gehindert wird. Es folgen Adam und Eva am Paradiesbaum; zu ihren Seiten zwei Jünglinge, vielleicht Engel, die auf die Vertreibung aus dem Paradies vorausweisen. Rechts daneben Christus; die knieende Frau ist wohl das kananäische Weib, das die Heilung seiner Tochter erfleht. Die Schriftrolle in den Händen Christi weist auf seine Rolle als Lehrer des Heils. Anschließend Moses, der die Gesetzestafeln empfängt. Rechts neben dem zweiten, wiederum leeren Medaillon Kain und Abel, die mit ihren Opfergaben vor Gott hintreten.

Vor dem Angesicht Gottes stehen auch Adam und Eva im mittleren Fries links. Christus legt seine Hand auf Evas Haupt. Zur Deutung wurde ein Relief mit der Erschaffung Evas herangezogen, wie es auf einem anderen Sarkophag entfernt vergleichbar dargestellt ist. Dort fehlt jedoch Christus; im übrigen lassen die beiden Männer am linken und rechten Rand der Szene hier an die Apostel Petrus und Paulus und ihre Rolle als Seelengeleiter in der frühchristlichen Kunst denken. Nach rechts hin schließen sich mehrere Heilungswunder Christi an: der auf seinem Bett hockende Gichtbrüchige, der von den Jüngern zu Christus geführte Blinde, und die blutflüssige Frau, die das Kleid des Gottessohnes berührt. Die Gestalten von Christus und Petrus beschließen den Fries; der Hahn zwischen ihnen weist auf die Verleugnung Christi durch Petrus. Zugleich erinnert das Bild an die Zeit nach der Auferstehung, als Christus den Petrus – nach der dreifachen Frage, ob er ihn liebe – zum Hirten seiner Herde bestellt.

Die untere Zone beginnt links mit der Anbetung des Christuskindes durch die Magier. Die weiter rechts am Boden stehenden Krüge weisen auf die Verwandlung von Wasser in Wein durch Christus bei der Hochzeit zu Kana, die mit Brot gefüllten Körbe auf die Speisung der Vier- oder auf jene der Fünftausend. In die letzte Szene einbezogen ist ein nicht näher deutbares Heilungswunder. Es folgen zwei apokryphe Episoden aus der Petruslegende: das Quellwunder des Apostels, der für die römischen Soldaten Wasser aus dem Felsen schlägt, und der eine Schriftrolle lesende, von zwei Soldaten umgebene Petrus.

Der Sarkophag wurde 1974 in der Nähe des Jagdsarkophages (s. S. 53) gefunden. Er enthielt die Skelette eines 50-60 Jahre alten Mannes und einer Frau von rund 50 Jahren, die ohne Beigaben bestattet waren. Die Frisur der Frau im Medaillon, die jener der Kaiserin Helena gleicht, ermöglicht eine Datierung ins zweite Viertel des 4. Jahrhunderts.

Größe und Qualität dieses mit so reichem Reliefschmuck versehenen Sarkophages lassen seine Besitzer in der oberen Schicht wohlhabender Christen vermuten. Das scheint die Toga des Mannes im Mittelmedaillon zu bestätigen, die man hier als Senatorentracht verstehen darf.

Die Reliefszenen sind aus dem in der frühchristlichen Sarkophagkunst geläufigen Motivschatz gewählt. Für diesen ist charakteristisch, daß – im Gegensatz zur heidnischen Grabkunst der Antike – die Erinnerung an den Verstorbenen oder die Trauer um ihn überhaupt keine Rolle spielen. Vielmehr sind die Bilder der Heilsgeschichte auf den christlichen Monumenten ein Ausdruck der Hoffnung auf Gnade für den Verstorbenen: so wie Gott zahllosen Menschen in der Not geholfen hat (Heilungswunder Christi, Wasserwunder in Kana, Speisungswunder), erhofft sich der Verstorbene Rettung. Die Erlösung der schuldbeladenen Menschheit (Adam und Eva) durch die Passion Christi (hier nur durch die Szene der Verleugnung Petri vertreten; als Erlösungsmotiv ist auch das Opfer Abrahams zu verstehen) gibt dem Verstorbenen Zuversicht für das Jenseits. Auf diese Erlösung darf er gerade als getaufter Christ hoffen, der sich zur Befolgung der göttlichen Gesetze verpflichtet hat (Moses empfängt das Gesetz; Ablehnung des Götzendienstes durch die jüdischen Jünglinge vor Nebukadnezar; die Magier, die Christus als erste Heiden huldigen). Fürsprecher des Verstorbenen im Jenseits schließlich ist der Hirte der Gemeinde Christi, der hl. Petrus (Szenen aus der Petruslegende).

Sarkophag 3

Verona, Veneto, Italien. Zweite Hälfte des 4. Jahrhunderts.

Verona, Crypta von S. Giovanni in Valle (Kopie RGZM).

Marmorsarkophag mit Deckel. L. 2,20 m. In der Mitte des Deckelreliefs findet sich eine Schrifttafel, auf der ursprünglich der Name des Verstorbenen geschrieben stand. Die Tafel wird zu beiden Seiten von geflügelten Eroten gehalten. In den daran anschließenden Feldern sind Szenen aus dem Alten Testament dargestellt. Links außen Daniel mit der Schlange, durch einen Baum davon abgesetzt Moses, dem die göttliche Hand die Gesetzestafeln überreicht. Rechts der Tafel folgt das Bild Daniels in der Löwengrube und, durch einen weiteren Baum davon abgesetzt, die Szene des Propheten mit dem Hund.

Im Zentrum der Schauseite des Sarkophages steht Christus auf dem Berg, dem die vier Paradiesflüsse entspringen. Mit seiner Linken überreicht er dem kreuztragenden Petrus eine Gesetzesrolle, während unter seiner erhobenen Rechten Paulus steht. Je zwei Szenen zu beiden Seiten dieser zentralen Darstellung geben Geschichten aus dem Neuen Testament wieder. Links steht Jesus mit der Samariterin am Brunnen von Sichem. Daran schließt sich eine Gruppe von Jüngern mit Jesus an, dem sich in kleiner Statur der Hauptmann von Kapernaum bittend nähert. Zur Rechten der Mittelszene ist Jesus mit der blutflüssigen Frau dargestellt, die Heilung durch die Berührung seines Gewandes findet. Den Abschluß der Bilderszenen bildet der Kuß des Judas im Garten Gethsemane.

Die beiden Schmalseiten des Sarkophages sind wieder mit alttestamentarischen Szenen geschmückt. Die rechte Schmalseite zeigt Adam und Eva mit der Schlange im Paradies, die linke Kain und Abel mit ihren Opfergaben vor Gott.

Sarkophag 4

Arles, Dép. Bouches-du-Rhône, Frankreich. Um 400 *(Abb. 14)*.

Arles, Musée Lapidaire d'Art Chrétien (Kopie RGZM).

Die Vorderseite des 2,21 m langen Marmorsarkophages ist durch eine Säulenarchitektur in fünf Teile gegliedert. Die verschieden kannelierten bzw. verzierten Säulen tragen im mittleren Bildfeld einen Architrav, in den äußeren Feldern Bögen, die sich in Muschelgewölbe öffnen. In den äußeren Zwickeln erscheinen auf Muschelhörnern blasende Tritone. Ebenso wie die ganze Architektur sind auch die Figuren außerordentlich plastisch gearbeitet.

Die drei mittleren Felder gehören inhaltlich zusammen. In der Mitte steht Christus auf einem Felsen, aus dem zwei Quellen entspringen; neben dem Felsen im Hintergrund zwei Palmbäume, im Vordergrund zwei Lämmer. Christus hält in der Linken ein entrolltes Schriftband, dessen anderes Ende im Gewandbausch des Petrus liegt. Dieser schreitet, ein Kreuz über der Schulter, auf den Herrn zu. Neben ihm ein zweiter Apostel mit Schriftrolle. In der entsprechenden Nische links von Christus stehen der kahlköpfige Paulus und ein weiterer Apostel; beide halten Schriftrollen in den Händen und blicken zu Christus empor. Der auf dem Palmbaum sitzende Vogel wird als Phönix gedeutet. Links außen ist die Fußwaschung Petri durch Christus dargestellt. Nach rechts schließt der Fries mit der Pilatusszene ab: Christus wird von einem Gerichtsdiener vor den römischen

Abb. 13 Sarkophag 2, Arles-Trinquetaille (S. 33).
Abb. 14 Sarkophag 4, Arles (S. 34).

Beamten geführt. Dieser, mit dem Militärgewand bekleidet, fordert Christus zwar mit einer Geste zum Sprechen auf, wendet sich aber gleichzeitig ab. Im Hintergrund hält ein Diener Wasserkanne und Becken bereit.
Die Thematik der Vorderseite des Sarkophages reicht von den links und rechts außen wiedergegebenen Passionsszenen zu dem siegreich auferstandenen Christus der drei mittleren Felder. Diese bärtige Christusfigur, die als einzige der gesamten Dekoration in die Ebene vor die Säulenarchitektur tritt, unterscheidet sich im Typ deutlich von dem unbärtigen jugendlichen Christus der beiden Passionsszenen. Sie versinnbildlicht die Majestät des Herrn, der nach vollendeter Passion Apostel und Lämmer in seine Obhut nimmt. Zugleich erläßt er das göttliche Gesetz, denn die Schriftrolle, die Petrus – wie ein Untertan vor dem spätantiken Kaiser – mit verhüllten Händen empfängt, trägt in ähnlichen Darstellungen der frühchristlichen Kunst oftmals die Worte »Dominus legem dat«.
Die beiden Schmalseiten des Sarkophages zeigen in einfacheren Reliefdarstellungen die Taufe Jesu im Jordan und das Quellwunder des Petrus.

TRIER – DIE HAUPTSTADT DES WESTREICHES

Durch die Erhebung des Feldherrn Constantius Chlorus zum Mitregenten im Jahre 293 wurde Trier für ein ganzes Jahrhundert eine der Hauptstädte des römischen Reiches. Noch heute zeugen großartige Baudenkmäler von dieser Epoche, in der die Stadt Mittelpunkt eines Weltreiches war. Eindrucksvoll ist die Ausdehnung des großen Palastbezirkes im Osten der Stadt, der noch heute von der gewaltigen Audienzhalle – der Basilika – und der kaiserlichen Thermenanlage begrenzt wird. Nördlich davon steht der große Dom, die Bischofskirche des 4. Jahrhunderts, von der sich wesentliche Teile hochaufgehend im mittelalterlichen Bau erhalten haben. Vor den Mauern der Stadt sind auf den großen Friedhöfen Mausoleen aufwendiger Bauart bewahrt. Südlich der Stadt, bei der Kirche St. Eucharius – heute St. Matthias – liegen sie im Bereich des Friedhofs. Nördlich der Stadt, in der Kirche St. Maximin, findet sich die älteste erhaltene Bischofsgrablege jenseits der Alpen. Auch das Umland von Trier war von Bauten hoher Repräsentation geprägt. Villen hoher Würdenträger und des Kaiserhauses lagen dort mit reichem Mosaikschmuck verziert. Der Parkteich der Villa von Welschbillig, im kaiserlichen Domänenbezirk gelegen, den eine große Mauer einfaßte, ist dafür eindrückliches Zeugnis. Als kaiserliche Münzstätte hatte die Stadt hervorragende Bedeutung für die Wirtschaftsstruktur des Westreiches wie für die staatliche Propaganda, die in den Darstellungen auf den Geprägen sich spiegelt. Daß aber auch hier im Umkreis des christlichen Kaiserhofes des 4. Jahrhunderts die heidnischen Kulte noch gepflegt wurden, zeigen die Contorniaten mit Bildern der alten Götterwelt an, die zum Jahreswechsel als Repräsentationsgeschenke verteilt wurden.

Schautafel
Ansicht von Trier im 4. Jahrhundert.
Trier, Rhein. Landesmus.

Schautafel
Rekonstruktion des Hermenweihers von Welschbillig, Rheinland-Pfalz, mit Plan der Grabungsbefunde und Lage der Villa im von der Langmauer umgebenen kaiserlichen Domänenbezirk.
Trier, Rhein. Landesmus.

Hermen von Welschbillig
Trier, Rhein. Landesmus.
In Welschbillig, innerhalb der Langmauer, wurde um 375 eine große, aufwendige Villa

erbaut, von der nur mehr der in der Achse davor gelegene Hermenweiher erhalten und rekonstruierbar ist. Er ist ein 60x18m großes gemauertes Wasserbassin mit je drei Nischen an den Langseiten. In der Längsachse des Bekkens verläuft eine Mittelmauer, an deren Enden jeweils ein Springbrunnen installiert war. Die Beckenbrüstung mit den Nischen war umstanden von einem steinernen »Zaun«, der durch Hermen, also von Köpfen bekrönten Schäften, gehalten wurde. Diese Hermen wurden zum größten Teil auf der Sohle des Beckens in Fall-Lage wiedergefunden. Sie zeigen Köpfe von mythischen Personen, Griechen, Römern, Barbaren und erfundene Portraits.

H. Cüppers

Fußbodenmosaik
Trier-Euren, 4. Jahrhundert.
Trier, Rhein. Landesmus.

Vitrine 15
Kaisermünzen und Kontorniaten aus Trier.
Trier, Rhein. Landesmus.

1. Constantius I. (293-)305-306.
   293/4 in Trier.
   Vs.: FL VAL CONSTANTIVS NOBIL C –
   Bärtiger Kaiser im Mantel mit Lorbeerkranz nach links.
   Rs.: VIRTVS AVGG, im Abschnitt PT
   Hercules kniet mit dem linken Knie auf einem Hirsch, den er am Geweih packt.
   5facher Aureus. – RIC. VI, 3.
2. Constantius I. (293-)305-306.
   297 in Trier.
   Vs.: FL VAL CONSTANTIVS NOBIL CAES –
   Drapierte und geharnischte Büste des bärtigen Kaisers mit Lorbeerkranz nach rechts.
   Rs.: REDDITOR LVCIS AETERNAE LON, im Abschnitt PTR –
   Einzug des Kaisers zu Pferd in London. Vor der befestigten Stadt kniende Britannia mit ausgestreckten Händen. Vor dem Pferd Schiff mit vier Soldaten und Steuermann ähnlich dem Neumagener Weinschiff.
   10facher Aureus. – RIC. VI, 34.
3. Constantius I. (293-)305-306.
   297 in Trier.
   Vs.: FL VAL CONSTANTIVS NOB CAES –
   Büste des bärtigen Kaisers im Mantel mit Lorbeerkranz und Zepter nach rechts.
   Rs.: PIETAS AVGG, im Abschnitt PTR –
   Geharnischter Caesar hält in der Linken Speer, die Rechte reicht er einer knienden Frau mit Speer und Schild (Britannia?). Hinter ihm Victoria mit Palme und Lorbeerkranz, den sie dem Caesar aufsetzen will.
   5facher Aureus. – RIC. VI, 33.
4. Constantius I. (293-)305-306.
   297 in Trier.
   Vs.: FL VAL CONSTANTIVS NOBILISSIMUS C –
   Kopf des bärtigen Kaisers mit Löwenfell nach rechts.
   Rs.: PIETAS ACGG, im Abschnitt PTR –
   wie Rs. von c.
   5facher Aureus. – RIC. VI, 32.
5. Diocletianus 284-305.
   303 in Trier.
   Vs.: DIOCLETIANVS PF AVG COS VIII –
   Bärtiger Kaiser mit Lorbeerkranz und Zepter nach links.
   Rs.: FELICITAS TEMPORVM, im Abschnitt PTR –
   Zwei Kaiser opfern am Altar, darüber Felicitas.
   5facher Aureus. – RIC. VI, 27.
6. Maximianus 286-305.
   303/305 in Trier.
   Vs.: MAXIMIANVS PIVS F AVG COS VII –
   Bärtiger Kaiser mit Lorbeerkranz und Zepter nach links.
   Rs.: HERCVLI CONSERVATORI AVGG ET CAESS NN, im Abschnitt PTR –
   Hercules an Keule gelehnt, über dem linken Arm Löwenfell, in der Linken Äpfel.
   5facher Aureus. – RIC. VI, 28.
7. Constantius I. (293-)305-306.
   305 in Trier.

Vs.: IMP CONSTANTIVS PIVS F AVG – Bärtiger Kaiser im Mantel mit Lorbeerkranz und Zepter nach links.
Rs.: TEMPORVM FELICITAS, im Abschnitt PTR – Zwei Kaiser opfernd vor Tempel an Altar, neben und hinter ihnen Diener.
5facher Aureus. – RIC. VI, 617.

8. Constantinus I. (306-)307-337.
310 in Trier.
Vs.: IMP CONSTANTINVS PIVS FELIX AVG – Drapierte und geharnischte Büste des Kaisers mit Lorbeerkranz nach rechts.
Rs.: PPINCIPI IVVENTVTIS, im Abschnitt PTR – Constantin in Rüstung mit Speer und Kugel.
9facher Solidus. – RIC. VI, 801.

9. Theodosius I. 379-395.
a) Solidus, 379-383 in Trier, RIC. IX, 50. RLM. Trier, Inv. 52, 82.
b) Siliqua, 379-383 in Trier, RIC. IX, 59 b. RLM. Trier, Inv. 28, 165.

10. Magnus Maximus 383-388.
a) Solidus, 383-388 in Trier, RIC. IX, 77 b. RLM. Trier, Inv. 52, 85.
b) Siliqua, 383-383 in Trier, RIC. IX, 84 b. RLM. Trier, Inv. 41, 447.

11. Flavius Victor 387-388.
a) Solidus, 387-388 in Trier, RIC. IX, 75. RLM. Trier.
b) Siliqua, 387-388 in Trier, RIC. IX, 84 d. RLM. Trier, Inv. 15866.

12. Arcadius 383-408.
Siliqua, 388-392 in Trier, RIC. IX, 106 b. RLM. Trier, Inv. 13655 b.

13. Eugenius 392-394.
a) Triens, 392-394 in Trier, RIC. IX, 103. RLM. Trier, Inv. 28, 118.
b) Siliqua, 392-394 in Trier, RIC. IX, 106 d. RLM. Trier, Inv. 28, 170.

14. Constantinus III. 407-411.
a) Solidus, 407-411 in Trier(?) , Cohen 5. RLM. Trier, Inv. 52, 93.
b) Siliqua, 407-411 in Trier (?), Cohen 4. RLM. Trier, Inv. 41, 452.

15. Jovinus 411-413.
a) Solidus, 411-413 in Trier (?), Cohen 5. RLM. Trier, Inv. 52, 97.
b) Siliqua, 411-413 in Trier (?), Cohen 4. RLM. Trier, Inv. 702.

16. Honorius 393-423.
Siliqua, 407-409 in Trier (?), vgl. Trierer Zeitschr. 46, 1983, 225ff.
Slg. J. H.

17. Valentinianus III. 425-455.
Siliqua, 425-445 in Trier, Cohen 34 var. RLM. Trier, Inv. 13656.

K.-J. Gilles (Nr. 1-17)

Geprägte Kontorniaten

18. Vs.: Kopf Alexanders d. Gr. nach rechts (Palmzweig).
Rs.: Cybele thront zwischen einer Person mit Doppelaxt und einer Stadtgöttin.
RLM. Trier, Inv. 02, 32 (aus Privatbesitz). Alföldi Nr. 49, 11.

19. Vs.: Büste Homers nach rechts, WMHPOC (Palmzweig).
Rs.: Abgeschabt, ursprünglich wohl Augustus mit Fortuna und Mars.
RLM. Trier, Inv. 98, 53 (FO. Südallee). Alföldi Nr. 86, 6.

20. Vs.: Kopf des Augustus nach rechts, Divus Augustus pater (Palmzweig).
Rs.: Nicht mehr erkennbar (Viergespann?).
RLM. Trier, Inv. 12, 118 (FO. bei St. Maximin). Alföldi Nr. 126.

21.-22. Vs.: Kopf des Nero nach rechts, Nero Cladius (!) CAESAR AVG GER P M TR P IMP P P (Palmzweig: d, PE und Schraffur: e).
Rs.: Raub der Sabinerinnen im Circus.
RLM. Trier, Inv. ST. 9077 (d: FO. Friedrich-Wilhelm-Str.) und 38, 44 (e: FO. wohl Trier). Alföldi Nr. 182, 9 und 12.

23. Vs.: Büste des Trajan nach rechts, TRAIANVS AVG COS IIII P P (PE).
Rs.: Jäger erlegt einen Keiler vor einem Baum.
RLM. Trier, Inv. 02, 15. Alföldi Nr. 323, 1.

W. Binsfeld (Nr. 18-23)

SPÄTANTIKE SILBERARBEITEN

Wie der Kaiserhof ließen auch reiche Privatleute aufwendige Silberarbeiten anfertigen, die sie teils zum eigenen Gebrauch, teils aber auch als Geschenke verwendeten. Es ist aber bemerkenswert, daß unter den Stücken aus dem 4. und 5. Jahrhundert keines bekannt geworden ist, das eindeutig christliche Themen erkennen läßt. Dagegen finden sich zahlreiche Beispiele mit Darstellungen aus der Welt der heidnischen Kulte und der antiken Mythologien. Man darf dies als Hinweis darauf werten, daß weite Kreise der Oberschicht des römischen Reiches sich noch längere Zeit dem Christentum verschlossen haben, selbst als dieses schon offiziell toleriert und gefördert wurde. Schwer in ihrer Bedeutung zu interpretieren sind die Darstellungen aus dem Leben Achills, die sich auf mehreren Silberarbeiten finden. Seiner Herkunft nach ist das Thema zweifellos heidnisch-mythologisch; seine Beliebtheit mag darauf zurückzuführen sein, daß die Gestalt des jung gefallenen Helden besondere Zuneigung bei der heidnischen Opposition fand. Andererseits kann aber die Gestalt des Helden auch bei den Christen Sympathie gefunden haben, die in seinem Leben eine Allegorie auf die göttliche Vorherbestimmtheit des Menschenschicksals gesehen haben mögen.

Vitrine 16

Silberne Schale mit Achilleus und Briseis (»Schild des Scipio«). Gefunden 1656 in der Rhône bei Avignon, Dép. Vaucluse, Frankreich. 4. Jahrhundert.

Paris, Bibl. Nationale, Cabinet des Médailles (Kopie RGZM).

Die große flache und runde Silberplatte von 71 cm Durchmesser und 10,255 kg Gewicht, die man entweder als Lanx oder als Missorium bezeichnen kann, ist auf der Innenseite, der Schauseite, ganz mit einer flachen Reliefszene dekoriert. Man ist sich einig, daß es die Geschichte von Achilleus und Briseis aus dem Krieg vor Troja sein muß, nur bleibt die Frage zu diskutieren, welcher Moment in dieser dramatischen Affäre dargestellt ist. Es stand das Schicksal der griechischen Armee vor der Stadt des Priamos auf dem Spiel: Der kommandierende Fürst Agamemnon hatte, da er auf Götterbeschluß eine andere Gefangene freigeben mußte, darauf bestanden, dem Achilleus die junge Briseis wegzunehmen, die dieser als Kriegsbeute bei sich hatte, wobei die junge Frau die Rolle einer Sklavin und Geliebten zugleich auszufüllen hatte. Weil man ihm Briseis gegen seinen Willen fortnahm, begann Achilleus sein berühmtes grollendes Fernbleiben vom Kampf, das die griechische Expeditionstruppe an den Rand der Niederlage brachte.

Nach der einen Erklärung wäre auf der Silberplatte aus Südfrankreich, der man im Barock den bizarren Rufnamen »Schild des Scipio« gab, eben die Szene dargestellt, in der Briseis (am linken Rand) aus dem Zelt des Achilleus, das durch Stoffbahnen unterhalb der Archivolten angedeutet ist, abgeführt wird. Des Achilleus Freund Patroklos ist dann wohl in dem jungen Mann zu erkennen, der dieses Geleit mit Zartgefühl erledigt, während der Disput zwischen dem sitzenden und erzürnten Achilleus im Zentrum und dem bärtigen Odysseus daneben, der das Schwert trägt, eher aufgeregt zu sein scheint. Auch in den Gesten und Kopfhaltungen der übrigen Männer – Briseis ist die einzige Frau in der Szene – drückt sich die Spannung des Vorgangs aus. – Wenn man allerdings davon ausgeht, daß in der Antike erzählende Komplexe fast immer von links nach rechts entwickelt werden, muß man an der Deutung der Szene als der Rückgabe der Briseis festhalten. Der junge Mann, der sie führt, ist dann nicht mehr Patroklos, sondern ein Unbekannter; die Dispute zwischen Achilleus und Odysseus, dem dahinter postierten Herold und der ganzen Gruppe sind als Hinweis auf die politische Bedeutung der Rückgabe zu verstehen, mit der sich Agamemnon und die übrigen Griechen wieder der Hilfe des Achilleus versicherten. Für die Deutung der Rückgabe der Briseis spricht auch die

identische Kopfrichtung von Briseis und Achilleus, die dem Ganzen bei aller Zentralkomposition ein gewisses Übergewicht der Bewegung von links nach rechts (vom Betrachter aus gesehen) gibt.
Die Briseisplatte ist ein Werk etwa des ausgehenden 4. Jahrhunderts oder der Zeit um 400 n. Chr., wenn sie sich auch an Feinheit nicht mit den Reliefs der Lances oder Missoria von Parabiago und Almendralejo (Theodosiusmissorium) messen kann.

Der Schatz von Kaiseraugst. Innerhalb des spätrömischen Kastells von Kaiseraugst wurde, in einem ursprünglich mit Heu ausgeschlagenen Behälter verpackt, ein größerer Schatzfund geborgen. Er bestand aus einem Tafelgeschirrsatz *(Farbtaf. II)*, der offenbar zur standesgemäßen Ausstattung eines hohen Offiziers gehört hat. Münzen aus der Zeit der Constantinssöhne sowie Silberbarren mit Stempeln des Usurpators Magnentius (350-353) deuten darauf hin, daß der Schatz möglicherweise von einem hohen Offizier vergraben wurde, der mit dem Usurpator gegen den Kaiser Constantius zu Felde zog und keine Gelegenheit mehr fand, sein vergrabenes Eigentum wieder zu heben.

Vitrine 17
Kaiseraugst, Kt. Aargau, Schweiz. Mitte des 4. Jahrhunderts.
Augst, Römermuseum (Kopien RGZM).

1. Meerstadt-Platte. Die silberne Platte (Lanx) von 59 cm Durchmesser ist Teil des 68 Objekte und 186 Münzen umfassenden spätantiken Silberschatzes von Kaiseraugst. Der Rand trägt in Niello mit Vergoldung vier jeweils gegenständige Ornamentzonen und Jagdfriese; die Jagd gilt Hirschen und Hasen, Wildschweinen und Bären, also jeweils ungefährlichen und gefährlichen Geschöpfen.
   Das Medaillon in der Mitte *(Farbtaf. III)* zeigt Fischer und Meerestiere im Meer vor dem Panorama einer Stadt mit Mauern, Türmen, Rampen, Tempeln und anderen Gebäuden. Die Fischerboote werden von Eroten bedient, die Stadt ist leer, kein Tier, kein Mensch ist zu sehen; um so drangvoller wirkt das Gewimmel der Fische, Oktopoden und Muscheln. Der Reichtum des Meeres im Mittelmedaillon, die jagdbaren Tiere des Feldes und Waldes am Rande, eine prunkvolle Architekturlandschaft als Bezugspunkt: Die Silberplatte zelebriert die erwünschte Umgebung der spätantiken römischen Aristokratie.
   Auf der Rückseite der Platte befinden sich die Gewichtsangabe: P XV M VNC (= 15 Pfund minus 1 Unze; 4,884 kg. Heutiges Gewicht 4,775 kg) und eine eingeritzte Besitzer-Inschrift: AQVILINI.
   Die helle Silberfarbe ist nur die Folie, vor der sich das Schwarz und Gold der Ornamente und Darstellungen entfalten, die vor allem im Mittelmedaillon einen teppichartigen Charakter zeigen. Auch die Stadtansicht ist trotz des anspruchsvollen Themas recht flach und unräumlich.
2. Euticius-Schale. Wellig geriefelte Silberschale von 42,5 cm Dm., mit Kugelrandborte und einem blütengefüllten, achtzackigen Stern im Mitteltondo. Auf der Rückseite die punktierte Inschrift: EVTICIVS NAISI PV.
   Die Silberschale ist das Werk des Euticius aus Naissos (Niš/Jugoslawien) in Illyricum. Die Tatsache, daß die bisher bekannten Silberplatten und -schalen mit wellig geriefelter Wandung, bzw. mit wellig geriefelten Zierstreifen ausschließlich lateinische Inschriften tragen, ist wohl ein Indiz dafür, daß diese Silberschalen im weströmischen Reichsteil hergestellt wurden.
3. Silberplatte mit Hängelippe und konzentrischen Kreisrillen. Die Unterseite trägt das Grafitto P ROMVLO. Dm. 46,9 cm.
4. Silberne Kragenschüssel mit breitem rillenverzierten Horizontalrand und niedrigem Standring. Dm. 15,4 cm.
5. Konischer Silberbecher, der mit feinen Horizontalrillen verziert ist. Dm. 9 cm.
6. Silberlöffel mit geradem, spitz zulaufendem Stiel und volutenartig gerolltem Stielansatz. L. 20 cm.

Farbtafel II: Schatz von Kaiseraugst; Tafelgeschirrsatz (17, 2-9; 18).
Farbtafel III: Schatz von Kaiseraugst, Meerstadt-Platte (17, 1).

7. Silberlöffel mit schwanenhalsförmig gebogenem Griff. L. 14 cm.
8. Zwei silberne Sieblöffel mit tordiertem, teilweise vergoldetem Griff, der eine mit spitz zulaufendem Ende, der andere mit hakenförmig umgebogenem Abschluß. L. 24 cm und 18 cm.
9. Drei silberne Eßstäbchen: a) mit tordiertem, teilweise vergoldetem Griff und einem spitz zulaufenden Ende; gegenüber geschweiftes Spatelende mit durchbrochenem Christogramm, L. 21 cm; b) mit tordiertem Griff und geschweiftem perforierten Spatel und Hakenende, L. 26 cm; c) mit tordiertem Griff, ein Ende kurz umgebogen, das andere winkelförmig abgebogen und spitz endend, L. 18 cm.

Vitrine 18

Achilleus-Schale aus dem Schatz von Kaiseraugst, Kt. Aargau, Schweiz. Mitte des 4. Jahrhunderts.
Augst, Römermuseum (Kopie RGZM).

Achteckige Silberplatte mit figürlichem Reliefschmuck *(Titelbild)*. Dm. 52,5 cm. Mitteltondo und Rand der Platte tragen eine elfteilige Bilderfolge aus der Jugend des Achilleus. Der Bildzyklus beginnt in der rechten unteren Ecke, verläuft dem Uhrzeigersinn entgegen und endet im Mittelfeld der Platte.

1. Thetis gebiert ihren Sohn Achilleus. 2. Thetis taucht Achilleus in die Fluten des Styx, um ihn unverwundbar zu machen. 3. Thetis übergibt ihn dem Centauren Chiron zur Erziehung. 4. Chiron ernährt Achilleus mit den Eingeweiden wilder Tiere. 5. Chiron lehrt ihn die Jagd auf wilde Tiere. 6. Achilleus erhält Unterricht im Lesen. 7. Chiron unterrichtet ihn in Musik und Kampf. 8. Der Centaur übergibt ihn wieder seiner Mutter. 9. Aus Furcht vor der Weissagung, daß der Trojanische Krieg nur mit Hilfe des Achilleus gewonnen werden könne, daß er aber zuvor den Tod fände, bringt Thetis ihren Sohn in Frauenkleidern zu König Lykomedes auf die Insel Skyros. 10. Achilleus im Königspalast unter den Töchtern des Lykomedes. 11. Mitteltondo: Durch eine List des Odysseus und des Diomedes verrät sich Achilleus. Beim Klang der Kriegstrompete greift der als Frau verkleidete Achilleus zu Schild und Speer, um Odysseus nach Troja zu folgen. Seine Frau Deidameia versucht vergeblich, ihn zurückzuhalten.

Auf der Innenseite des Standrings befindet sich die punktierte griechische Inschrift ΠΑΥΣΥΛΥΠΟΥ ΘΕΣΣΑΛΟΝΙΚΗΣ (des Pausylypos [Werk] in Thessaloniki) sowie zwei Gewichtsangaben über 15 Pfund (punktiert) sowie über 17 Pfund, 4 Unzen, 15 g (graviert). Die Achilleusplatte ist eines der wenigen Silbergefäße der Spätantike, die Namen und Herkunftsort des Herstellers tragen. Die unterschiedlichen Gewichtsangaben ergeben sich durch den Materialverlust, der bei der Bearbeitung der Rohform entstand.

Vitrine 19

1. Kybele- und Attis-Platte. Parabiago, Lombardei, Italien. Ende 4. Jahrhundert.
Mailand, Soprintendenza Arch. Lombardia (Kopie RGZM).
Die Silberschale von 39 cm Durchmesser und 3,5 kg Gewicht (mit Resten von Vergoldung an den Figuren) zeigt in der Mitte Kybele und Attis auf dem verzierten Thron eines zweirädrigen Kultwagens, der von vier Löwen nach rechts gezogen wird, wo ein bis zum Bauch in der Erde steckender nackter Jüngling den mit den Sternzeichen geschmückten Tierkreis (Zodiacus) emporstemmt, in dem der jugendliche Aion als Symbol von Zeit und Ewigkeit mit erhobenem rechten Arm und Zepter in der Linken steht. Vor dem Tierkreisträger sind eine Heuschrecke (oder Grille bzw. Zikade) und eine Eidechse dargestellt. Ganz rechts windet sich eine Schlange um einen Obelisken auf dreistufiger Basis.
Kybele hat den Mantel über den Kopf gezogen und stützt den rechten Arm samt Zepter auf das mitgeführte Tympanon, ihr Geliebter Attis trägt phrygische Tracht und hält den Hirtenstab (pedum) in der Linken, die Hirtenflöte (syrinx) in der Rechten. Um den Wagen herum tanzen drei junge gestiefelte Krieger mit Helm, Kurzschwert und Rundschild.
Über der Hauptszene ist links der Sonnengott Sol in der aufsteigenden Quadriga dargestellt, rechts die Mondgöttin Luna in absteigender Rinder-Biga, jeweils von Phosphorus, der

Personifizierung des Morgensterns, mit erhobener Fackel bzw. Hesperus als Verkörperung des Abendsterns mit gesenkter Fackel geleitet. Unter der Hauptszene sind in der Mitte der Meeresgott Oceanus-Neptun mit Steuerruder, Fischen und Nereide dargestellt, links ein Flußgott (der Nil) mit Schilf- oder Papyrusblatt, Urne und Quellnymphe und rechts die Erdgöttin Tellus mit Füllhorn und zwei Kindern, darüber die vier Jahreszeiten als Kinder: von links der Sommer mit Sichel und Garbe, der Herbst mit einer Traube, der Frühling mit einem Lamm und der Winter mit zwei Enten und einem Zweig.

J. Garbsch

2. Silberschale von Altenwalde. Cuxhaven-Altenwalde, Niedersachsen. Zweite Hälfte des 4. Jahrhunderts.
Hannover, Niedersächs. Landesmus. (Kopie RGZM).
Funde spätantiker Silberobjekte sind rar in Deutschland, besonders im Gebiet außerhalb des Römischen Reiches. Die Altenwalder Silberschale, die gewiß nicht als Hacksilber in den Boden kam, ist deshalb von erheblichem Interesse.
Die Silberschale (Lanx) von 45 cm Durchmesser (Gewicht 1434 g) wurde 1944 auf der Altenwalder Höhe im Bereich der Altenwalder Burg, einer vielleicht karolingischen Befestigung, gefunden. Es bot sich an, die Schale mit einem unter der Burg festgestellten sächsischen Friedhof zu verbinden, was nicht auszuschließen, jedoch auch nicht zu beweisen ist, da die Fundbeobachtungen wegen der Kriegstage zu lückenhaft sind.
Das flache Schalenrelief zeigt den Marsyasmythos. Marsyas, ein Silen aus Phrygien in Kleinasien, hatte den von Athena verworfenen oboenartigen Aulos aufgehoben, als aufregendes Blasinstrument mit Vergnügen gespielt und damit sogar den Gott Apollon zu einem musikalischen Wettstreit herausgefordert. Er mußte seine Niederlage in dieser Konkurrenz mit dem Tode durch Häutung büßen. Auf der Lanx von Altenwalde spielt er im Zentrum den Aulos, im oberen Bildfeld sind (von links) die Götter Apollon, Zeus und Dionysos zu sehen. In der Mittelzone rahmen Marsyas von links ein Beobachter, dann die Göttin Athena und (rechts) sein entsetzter Gefährte Olympos und am Bildrand die Göttin Artemis ein. Von den Gottheiten der Bodenzone sind noch die Reste einer Wasser- oder Flußgöttin zu erkennen.
Die Szene entfaltet sich in einer schräg von oben gesehenen Zentralkomposition, für die es eine Tradition in der römischen Kunst von der frühen Kaiserzeit an gibt. Ein stilistischer Vergleich mit den sehr feinen Reliefs der Lanx von Parabiago oder dem Missorium des Theodosius läßt es zu, die Schale von Altenwalde in dieselbe Zeit zu datieren. Sie kann trotz der schlimmen Korrosion noch als ein Meisterwerk der Zeit des Kaisers Theodosius I. aus dem späten 4. Jahrhundert erkannt werden.
Wie diese große und prunkvolle Schale an die deutsche Nordseeküste kam, können wir nur vermuten. Die Möglichkeiten von Handelsgut oder Beutestück sind immer gegeben, doch kann es sich auch um den wertvollen Besitz eines der vielen germanischen Söldner in römischem Dienst gehandelt haben.

3. Silberteller. Isola Rizza, Veneto, Italien. 6./7. Jahrhundert.
Verona, Museo di Castelvecchio (Kopie RGZM).
Der Silberteller von 40,5 cm Durchmesser wurde zusammen mit weiteren 12 Gold- und Silbergegenständen, Fibeln und Schnallen, unter einer Steinplatte 1873 entdeckt. Rückseitig besitzt er einen flachen Standring und eine Öse, durch welche ein beweglicher Ring gezogen ist, der ein Aufhängen des Gefäßes ermöglichte. Auf der Schauseite des Tellers befindet sich ein getriebenes Medaillon. Der dort abgebildete Reiter trägt einen Stangenhelm mit Helmbusch, Wangenklappen und Nackenschutz, sein Oberkörper wird durch einen Lamellenpanzer geschützt. Er zielt mit einer Lanze auf einen schildbewehrten Krieger, ein bereits getöteter liegt zu Füßen seines Pferdes. Beide Krieger tragen einen bestickten Kittel und eng anliegende Hosen. Nach Vergleichsfunden und historischen Beschreibungen der Tracht handelt es sich bei den Fußkämpfern um Langobarden.

SPÄTANTIKE ELFENBEINARBEITEN

Ebenso wie das Silbergeschirr, das vom Kaiserhof als Ehrenzeichen verliehen wurde und dadurch vergleichbare private Arbeiten anregte, wurden auch die Diptychen, mit denen die hohen Reichsbeamten ihre Ernennung anzeigten, Vorbild für private Elfenbeinschnitzereien. In der Themenwahl der Darstellungen wird die Geisteshaltung der Auftraggeber deutlich. Unter den heidnischen Themen fallen besonders Szenen aus der Welt der Allegorie und geheimnisvoller Kulte auf. Die christlichen Darstellungen werden vor allem von Bildern aus dem Leben Christi bestimmt. Außer den als Schreibtafeln verwendeten Elfenbeindiptychen wurden aus gleichem Material Kastenbeschläge und Dosen angefertigt. Die Vielfalt der Verwendung des kostbaren Rohmaterials spiegelt den Reichtum der Oberschicht des Römischen Reiches in der Spätantike wider.

Vitrine 20

Reliquienkasten aus Elfenbein. Oberitalien. Drittes Viertel des 4. Jahrhunderts.
Brescia, Civici Musei d'Arte e Storia (Kopie RGZM).

Eines der ältesten christlichen Denkmäler der Elfenbeinschnitzerei ist die sog. Lipsanothek, der Reliquienschrein aus Brescia. Die Reliefs auf dem Schrein zeigen Szenen aus dem Leben Christi, Begebenheiten des Alten Testaments und christliche Symbole *(Abb. 16)*.

Deckelrand: Fries von Medaillons mit dem Brustbild Christi und denjenigen der Apostel.

Vorderseite: Christus als Auferstandener unter den Aposteln, links offenbart er sich Maria Magdalena, rechts Christus als guter Hirte; am Rand Fisch bzw. Halm; im oberen Streifen wird Jonas vom Walfisch verschlungen und wieder ausgespien; im unteren Schmalstreifen Susanna zwischen Greisen, Befreiung durch Daniel und Daniel zwischen zwei Löwen.

Kastenseiten: Die Bildthemen der linken Seite: die Auferweckung der Tochter des Jairus, oben der Kampf mit Goliath, der Mann Gottes vom Löwen getötet und vom Esel bewacht und Jereobeam neben dem Altar von Bethel; unten der Tanz um das goldene Kalb und das Opfermahl.

Auf der rechten Seite Blindenheilung und Auferweckung des Lazarus, darüber Mosesszenen und unten Jakob mit Rachel.

Deckel: Im oberen Streifen Tauben; Hauptszene mit Christus am Ölberg, Gefangennahme und Verleugnung Petri; unten Christus vor Kaiphas und vor Pilatus.

Rückseite: Schilderung der Begebenheit, bei der Petrus Ananias bestraft, der auf sein Wort hin tot umfällt; oberer Streifen mit Susanna, Jonas unter der Kürbislaube und Daniel mit dem Drachen; unten Auffindung des Moses im Nil, Moses erschlägt einen Ägypter und das Mahl in der Wüste.

Vitrine 21

1. Teil eines fünfteiligen Elfenbeindiptychons (?). Nevers, Dép. Nièvre, Frankreich. Anfang des 5. Jahrunderts.
   Nevers, Musée Arch. du Nivernais (Kopie RGZM).
   Die breitrechteckige Elfenbeintafel bildet vermutlich den Randstreifen eines fünfteiligen Elfenbeindiptychons. H. 7,4 cm, Br. 12,9 cm. Sie ist in zwei quadratische, von Perlstäben umrandete Felder eingeteilt, in denen zwei Szenen aus der Weihnachtsgeschichte dargestellt sind: Im linken Feld Ochse und Esel vor der Krippe mit dem Jesuskind, im rechten Feld die Anbetung Jesu durch die drei Weisen aus dem Morgenland.
   Die kleine Tafel weist am oberen Rand zwei Schnitte auf, die wohl von Scharnieren herrühren (vgl. unten Nr. 2 u. 3).

2. Fragment eines fünfteiligen Elfenbeindiptychons. FO. unbekannt. Anfang des 5. Jahrhunderts.
   Paris, Louvre (Kopie RGZM).
   Seitenteil eines fünfteiligen Elfenbeindiptychons, in drei Teile zerschnitten. H. noch 19,7 cm. Auf den annähernd quadratischen,

mit Perlstäben umrandeten Bildfeldern sind Wunderheilungen Christi dargestellt: die Heilung einer Blutflüssigen, die Heilung des Gichtbrüchigen, der sein Bett davonträgt, und die Heilung des Besessenen, dessen Dämonen in die Schweine fahren. Das Fragment gehörte vermutlich zusammen mit den in Berlin (unten, Nr. 3) und Nevers (oben, Nr. 1) aufbewahrten Elfenbeintafeln ursprünglich zu einem fünfteiligen Diptychon oder – wie ebenfalls mit guten Gründen vorgeschlagen – zu einem Elfenbeinkasten.
Die zusammengehörigen Stücke (Nr. 1-3) befanden sich bereits im frühen 9. Jahrhundert im Frankenreich. Sie dienten einer karolingischen Elfenbeinwerkstatt im Umkreis des Königshofes als Vorbilder für im Bildaufbau entsprechende und im Stil nachempfundene Arbeiten.

3. Fragment eines fünfteiligen Elfenbeindiptychons. Vielleicht Amiens, Dép. Somme, Frankreich. Anfang des 5. Jahrhunderts.
Berlin, Staatl. Mus. Preuß. Kulturbesitz (Kopie RGZM).
Seitenteil eines fünfteiligen Elfenbeindiptychons. H. 20 cm. Die drei quadratischen, von Perlstäben umrandeten Bildfelder enthalten Szenen aus der Jugend Jesu: Im oberen Feld den Bethlehemer Kindermord unter den Augen des thronenden Herodes, im mittleren Feld die Taufe Jesu im Jordan durch Johannes den Täufer, im unteren Bild das Weinwunder bei der Hochzeit zu Kana. – Aufgrund von Stil und Ornamentik dürfte dieses Fragment zu Nr. 1 u. 2 (oben) gehört haben.

4. Fragmente eines Elfenbeinkästchens. Aus der Abtei Essen-Werden, Nordrhein-Westfalen. Anfang des 5. Jahrhunderts.
London, Victoria und Albert Mus. (Kopie RGZM).
Von den drei Fragmenten waren ursprünglich die beiden breiteren an der Längsseite eines Kästchens montiert, das dritte an der Schmalseite. Sie zeigen Szenen aus der Jugendzeit Christi:
a) Predigt Johannes des Täufers, Fällung des Baumes als symbolische Erzählung und Taufe Christi (L. 15,5 cm); b) Verkündigung an der Quelle, Traum Josefs im Beisein von Maria, Begegnung, zweitürmige Kirche und Tempelgang Marias (L. 25,5 cm); c) Magier erblicken den Stern, Geburt Christi, Anbetung der Magier (L. 25,5 cm).

Vitrine 22

1. Elfenbeintafel. St. Maximin, Trier. 6. Jahrhundert.
Trier, Rhein. Landesmus. (Kopie RGZM)
Die 13,8 cm breite Tafel zeigt Durchbohrungen einer Befestigung und ist wohl an beiden Seiten beschnitten. Abraham reitet auf einem mit Phalerae behangenen Pferd an der Spitze seiner Krieger. Von seinen bewaffneten Begleitern ist nur einer beritten. Die anderen marschieren zu Fuß, führen Lanze und ovalen Schild; ihr Helm zeigt Stirnschild und Wangenklappen.

2. Elfenbeintafel. Dijon, Dép. Côte d'Or, Frankreich (?). 5. Jahrhundert.
Dijon, Musée des Beaux Arts (Kopie RGZM).
Auf der 17,4 cm hohen Elfenbeintafel ist Christus im Kreise der zwölf Apostel dargestellt. Der in der Mitte des Bildfeldes neben Petrus und Paulus sitzende Christus hält in der linken Hand eine Schriftrolle und erhebt seine Rechte zum Segen. Die im Vordergrund sitzenden Apostel weisen auf acht Buchrollen mit den Schriften der Propheten und der Evangelisten hin, die in einem Korb auf einem Tisch zu Füßen Christi liegen.

3. Teil eines fünfteiligen Elfenbeindiptychons. FO. unbekannt. 6. Jahrhundert.
Berlin, Staatl. Mus. Preuß. Kulturbesitz (Kopie RGZM).
Die 30,8 cm breite Tafel zeigt als Randornament verschiedene Rankenmotive. Im Relieffeld halten zwei Engel einen Kranz mit Kreuz. An den Seiten steht jeweils ein Engel in Chlamys und Tunica, die Stabkreuz und Weltkugel halten.

4. Elfenbeintafel. Trier, Domschatz. Mitte des 5. Jahrhunderts.
Trier, Schatz der Hohen Domkirche (Kopie RGZM).
Die aus einem außerordentlich großen Elefan-

Abb. 15 Elfenbeinpyxis, Xanten (23,1).
Abb. 16 Elfenbeinkästchen, Oberitalien (20).

tenzahn geschnittene dicke Elfenbeinplatte ist 13,1 cm hoch und 26,1 cm lang *(Farbtaf. IV)*. Vor der Kulisse eines großen mehrstöckigen Gebäudes ist eine Prozession dargestellt, die von links nach rechts zu einer eben fertiggestellten Kirche führt. Auf dem Dach des Mittelschiffes und am rückwärtigen Bauteil sind noch Handwerker bei der Arbeit. An der Spitze der Prozession, eine Gruppe hoher Beamter anführend, schreitet der Kaiser im Diadem mit Pendilien, einem von der Kaiserfibel gehaltenen Mantel und bestickter Tunica. Er wird erwartet von einer Kaiserin im perlenbestickten Ornat, die ein großes Kreuz über der linken Schulter trägt. Im linken Bildteil erscheint ein vierrädriger, von zwei Maultieren gezogener Wagen, dessen Kasten mit Figuren geschmückt ist. Auf dem Wagen sitzen zwei Bischöfe, die ein Reliquiar in der Hand halten, das wohl die Heiltümer der neuen Kirche enthält. Erhöht vor dem großen Gebäude, dessen linker Giebel von einer Christusbüste geziert ist, stehen die Zuschauer. In den Fenstern des Obergeschosses sind singende, Weihrauchfaß schwenkende Männer zu sehen. Im obersten Stockwerk des Baus sind zahlreiche weitere Zuschauer dargestellt.
Das Bild zeigt mit hoher Wahrscheinlichkeit die Weihe der Chalkopratenkirche in Constantinopel, die im Jahr 449 unter der Regierung Kaiser Theodosius II. und der Mitkaiserin Pulcheria, seiner Schwester, erfolgte. Bei dem großen Gebäude im Hintergrund handelt es sich um die Basilika von Constantinopel, die auf einem künstlich erhöhten Podium erbaut war. In der Chalkopratenkirche befanden sich Reliquien, die in Bezug zur Kindheit Christi stehen. Die Festtage dieser Heiltümer verzeichnet ein Trierer Evangeliar aus dem 8. Jahrhundert, das noch heute in der Hohen Domkirche verwahrt wird. Es ist nicht von der Hand zu weisen, daß aus Anlaß der Kirchenweihe in Constantinopel an bedeutende Metropoliten im Reich Partikel der dortigen Kirchenreliquien als Ehrengeschenk versandt wurden. Auf diese Weise mögen die Reliquien nach Trier gelangt sein, wo sie noch im 8. Jahrhundert verehrt wurden. Die Elfenbeinplatte mit der Darstellung der Weihe mag Teil eines Kästchens gewesen sein, in dem diese Gabe in den Westen des Reiches gelangte.
Die außerordentlich plastische Schnitzarbeit mit den tiefgestaffelten Figurengruppen besitzt keine wirklichen Parallelen. In ihrer meisterlichen Ausführung darf man sie ohne Zweifel als eine Arbeit des Kunsthandwerks der östlichen Reichshauptstadt ansprechen.

Vitrine 23

1. Elfenbeinpyxis. Xanten, Nordrhein-Westfalen. 5. Jahrhundert.
   Xanten, Dom-Museum (Kopie RGZM).
   Der Boden und der mit einer Ranke verzierte Deckel der 10,5 cm hohen Pyxis sind mit silbernen Klammern befestigt. Die Wandung zeigt Szenen aus der Jugend des Achill auf der Insel Skyros. Dort lebte er, als Mädchen verkleidet, bei den Töchtern des Königs Lykomedes. So wollte seine Mutter ihn vor der Teilnahme am Trojanischen Krieg bewahren. Der listige Odysseus jedoch läßt unter den Königstöchtern Geschenke verteilen und gleichzeitig die Kriegstrompete blasen. Der verkleidete Achill greift zu den Waffen und gibt sich so zu erkennen *(Abb. 15)*. Er folgt dem Odysseus in den Krieg. Vergeblich eilt ihm seine Frau Deidameia mit dem Sohn Pyrrhos (Neoptolemos) auf dem Arm nach, um ihn zurückzuhalten.

2. Elfenbeinplatte. Autun, Dép. Saône-et-Loire, Frankreich. Um 400.
   Paris, Bibl. de l'Arsénal (Kopie RGZM).
   Das in der Mitte zerteilte, 12 cm hohe Relief zeigt eine Muse zwischen zwei Dichtern, die ihrem Lyraspiel versonnen lauschen.

3. Elfenbeindeckel eines Evangeliars. Bourges, Dép. Cher, Frankreich. 5.-6. Jahrhundert.
   Paris, Bibl. Nationale, Cabinet des Médailles (Kopie RGZM).
   Der 21 cm hohe Deckel ist aus den in drei Streifen zerschnittenen Reliefs eines Kastendeckels zusammengesetzt. Der obere und der mittlere Streifen gehörten ursprünglich zusammen.
   Reihe 1 und 2: Mittelpunkt des vor einer Arkadenreihe dargestellten Figurenfrieses war Apollon. Die unbekleidete Gestalt des

Gottes steht heute am rechten Rand der oberen Reihe. Sein linker Arm, der sich auf eine Lyra stützt, findet sich am linken Bildrand der zweiten Reihe. Apollon, der Führer der Musen, ist von diesen umgeben. Die kleine weibliche Gestalt rechts des Gottes wird als Leda gedeutet; links von Apollon der Schwan.
Reihe 3: Hauptfigur des zweiten Reliefstreifens war der auf seinen Thyrsos gestützte Gott Dionysos. Teile seines Körpers sind noch am linken Rand des Streifens erhalten. Rechts neben ihm steht ein Satyr, der eine Doppelflöte spielt und vor dem eine Mänade tanzt. Im rechten Bildfeld stehen ein Maskenträger in Fellhose, der eine Rassel in der Rechten und ein Kind auf dem linken Arm hält, sowie ein Silen, der Wein aus einem Schlauch abfüllt.

4. Elfenbeindiptychon. FO. unbekannt. 5. Jahrhundert.
   Paris, Louvre (Kopie RGZM).
   Die 29 cm hohe Tafel ist mit sehr plastisch gearbeiteten Reliefs von Dichtern bzw. Gelehrten und ihren Musen verziert. Eine zugehörige ähnlich gestaltete Tafel mit weiteren Musen ist hier nicht ausgestellt.
   In der oberen Zone liest Klio, die Muse der Geschichte, dem griechischen Geschichtsschreiber Herodot aus einer Schriftrolle vor. Der im mittleren Bildfeld dargestellte Dichter ist wohl der für seine Liebesgedichte berühmte Anakreon, dem sich die Muse der lyrischen Poesie – Euterpe – mit einer Doppelflöte in der linken Hand nähert. In der unteren rechten Ecke der Elfenbeintafel ist die sitzende Gestalt des Philosophen und Naturkundlers Aristoteles zu erkennen. Vor ihm steht Urania, die Muse der Sternkunde.

Vitrine 24

1. Elfenbeindiptychon. Sens, Dép. Yonne, Frankreich. Um 400.
   Sens, Bibl. municipale (Kopie RGZM).
   Beide Platten, je 31,5 cm hoch, sind mit heidnischen Darstellungen geschmückt. Auf der linken Platte fährt die Mondgöttin Selene auf einem von Stieren gezogenen Wagen über das Meer. Über den Zugtieren stehen zwei Dämonen. Unter dem Gespann lagert, umgeben von Wassertieren, die Meeresgöttin Thetis. Im Oberteil der Platte sind zwei Frauen – vermutlich Horen – dargestellt. Rechts von ihnen flicht der kleine Eros eine Girlande, während links Aphrodite in der Muschel erscheint.
   Auf der rechten Tafel fährt Dionysos, stehend auf seinen Stab gestützt, in einem von zwei Centauren gezogenen Wagen über das Meer. Unter dem Gespann in den Wogen sind drei Tritonen dargestellt. Über dem Dionysos, den ein Satyr stützt, ist der Triumphzug des Gottes dargestellt. Vom Gott selbst auf einem Reittier sitzend angeführt, folgen Dämonen und Wagen mit Trauben tretenden Jünglingen. Beide Platten sind im Mittelalter in Silberrahmen eingefaßt worden.
   Die Darstellungen zeigen eindrucksvoll die tiefe Vermengung antiker Göttergestalten. Bei dem Götterpaar der Sonne und des Mondes – Helios und Selene – wurde aus dem Sonnengott Dionysos. Die das Meer befahrende Selene tritt in Verbindung zu Aphrodite, die aus den Wellen geboren wurde. Während Dionysos die Beziehung zu den beiden bacchantischen Triumphfahrten eröffnet, weist die Meeresgöttin Thetis indirekt auf die Gestalt ihres Sohnes Achilleus, der in den mystischen Kulten der Spätantike Verehrung fand (vgl. Vitrine 18, Achilleus-Schale von Kaiseraugst). Das Diptychon wurde vermutlich von einem Götterpriester bei Antritt seines Tempelamtes vergeben. Da die heidnischen Kulte seit dem Jahre 382 der staatlichen Unterstützung entbehrten, wurden sie seit dieser Zeit besonders von den vornehmen Familien des Reiches betreut. Diese übertrugen offenbar Gebräuche, wie sie beim Antritt hoher Staatsämter üblich waren, auf den kultischen Bereich. Sie wollten wohl auf diese Weise deutlich machen, daß sie im heidnischen Priestertum eine hohe Würde für den wahrhaften Römer sahen.

2. Elfenbeindiptychon. FO. unbekannt. 5. Jahrhundert.
   Brescia, Civici Musei d'Arte e Storia (Kopie RGZM).
   Auf beiden 24,5 cm hohen Tafeln steht jeweils unter einer Arkade auf Spiralsäulen ein Liebespaar.

Tafel A: Hippolyt steht nackt auf einen Stab gestützt und liest Phädra, die an einer Säule lehnt, vor. Hinter beiden schwebt Cupido mit brennender Fackel.
Tafel B: Diana, an eine Säule gelehnt, greift mit der Rechten zum Kinn des Endymion oder Virbius. Dieser stützt sich mit der einen Hand auf die Lanze, mit der anderen auf den Schild. Cupido hält Kränze über beide.

3. Elfenbeinreliefs. An der Kanzel im Aachener Dom, Nordrhein-Westfalen. 6. Jahrhundert.
Aachen, Dom (Kopien RGZM).
Die drei 29 cm hohen Reliefs gehören zu den sechs antiken Stücken, mit denen die Aachener Kanzel unter Heinrich II. (1002-1024) verziert worden ist. Sie zeigen Darstellungen des trunkenen Dionysos mit Panther in Weinranken, in der Mitte die Göttin Isis mit Füllhorn, darauf ein Tempel.

SPÄTANTIKE SIGILLATA

Das Bedürfnis der Oberschicht, durch Geschenke aus kostbarem Material untereinander Verbindung zu halten, findet sich in einfacherer Form auch bei der übrigen Bevölkerung des Reiches. Beispielhaft läßt sich dies an Funden aus dem römischen Nordafrika zeigen. Hier wurden in Töpfereien Schalen aus Edelmetall und Elfenbeintafeln in rotem Glanzton imitiert. Die Darstellungen wurden entweder mit Stempeln ausgeprägt und dann auf die getöpferte Schale aufgelegt, oder die Schalen wurden in einem Stück in dekorierten Modeln ausgeformt. Diese Modeln, aus Gips hergestellt, waren mit einem Stempel, der Patrize, mit dem Reliefdekor gestempelt worden.

Heidnische Themen und Allegorien. Die Fülle spätantiker heidnischer Kulte und Götterverehrung wird in den Szenen der Schalen sichtbar. Neben Themen der klassischen Mythologie finden sich vor allem Bilder aus der Welt der Mysterienkulte um Orpheus, Mithras oder Aphrodite. Sie sind Zeugnis für das Bemühen der Menschen in der Spätantike, durch Hinwendung zum Okkulten Befreiung von den Nöten ihrer Gegenwart zu finden.

Vitrine 25
Sigillataschalen. Nordafrika. Zweite Hälfte des 4. Jahrhunderts.
Mainz, RGZM.
1. Mithras tötet den Stier und trägt ihn auf seinen Schultern davon.
2. Orpheus als guter Hirte mit Schafen.
3. Orpheus mit seinem Leierspiel ein wildes Tier zähmend.
4. Orpheus mit Leier.
5. Hore des Herbstes mit Jagdhund.
6. Eros, mit einem Vogel sich in die Lüfte erhebend, opfernde Frau und Pegasus.
7. Tanzende Faune und Silen.
8. Satyrn mit Pansflöte und Wurfholz über gestürzten Gefäßen.
9. Doppelflöte spielende Satyrn und Mänaden mit Thyrsosstäben.
10. Herrscher mit Zepter.

11. Model für eine rechteckige Patene (mit Abdruck). Nordafrika. 4. Jahrhundert.
Mainz, RGZM.
Im Mittelfeld der Schale ist eine Gruppe von sieben Männern in orientalischen Gewändern und phrygischen Mützen dargestellt, die gemeinsam ein Tau halten – offenbar Anhänger eines östlichen Kultes. Der Rand der Schale ist mit Fischen und anderen Meerestieren verziert.

12. Tonlampe. Nordafrika. Zweite Hälfte des

Farbtafel IV: Elfenbeintafel, Trier (22,4).

4. Jahrhunderts.
Mainz, RGZM.
Im Medaillon der Lampe ist Orpheus als guter Hirte, ein Lamm tragend, dargestellt.

Vitrine 26
Sigillataschalen. Nordafrika. Zweite Hälfte des 4. Jahrhunderts.
Mainz, RGZM.

1. Der Hirtenjunge Ganymed wird von Zeus in der Gestalt eines Adlers entführt. Sein Vater erhält zum Trost einen goldene Trauben tragenden Weinstock.
2. Trunkener Dionysos mit Thyrsosstab und Trinkschale, einen Panther zu Füßen.
3. Aphrodite zwischen zwei Opfernden.
4. Waffen tragende Nereide.
5. Meeresgöttin, Triton und Eros mit Fischen.
6. Eroten, vogelreitend und fischend.
7. Schiff mit flötenspielenden und feiernden Eroten.
8. Eroten zu Schiff, mit einem Delphin spielend.
9. Fische mit einem spielenden Eros.
10. Meeresfische.

11. Model für das Mittelfeld einer rechteckigen Patene. Nordafrika. Zweite Hälfte des 4. Jahrhunderts.
München, Prähist. Staatsslg.
Das Flügelpferd Pegasus wird von einem kleinen Eros an einer Blumenleine geführt. Drei Nymphen umgeben das Musenpferd. Eine reicht ihm ein Becken zum Tränken, eine andere kniet neben ihm und wickelt sein Bein, während eine dritte – hinter ihm stehend – ihm Wasser über den Schweif gießt. Die Zuneigung der Nymphen zu Pegasus geht auf die Quelle Hippokrene am Helikon zurück, die er durch seinen Hufschlag entspringen ließ und die von den Nymphen verehrt wurde.

12. Fragment einer rechteckigen Patene aus einem Model wie Nr. 11. Nordafrika. Zweite Hälfte des 4. Jahrhunderts.
Mainz, RGZM.
Das Fragment zeigt den Pegasus mit den zwei Nymphen und dem Eros. Das Model unterscheidet sich vom vorhergehenden durch zwei stempelgleiche Kriegerdarstellungen in rechteckiger Umrandung zu Häupten des Pegasus.

13. Tonlampe. Nordafrika. Zweite Hälfte des 4. Jahrhunderts.
Mainz, RGZM.
Der Hirtenjunge Ganymed in seinem Baumhaus.

Christliche Themen und Allegorien. Die Darstellung von Szenen der biblischen Überlieferung greift sowohl auf Geschichten des Alten wie des Neuen Testamentes zurück. Zum überwiegenden Teil werden Rettungswunder des Alten Testamentes und die Christuswunder des Neuen Testamentes dargestellt. In der Wahl der Themen zeigt sich die Hoffnung der christlichen Gemeinde, durch göttliche Hilfe der Not dieser Welt ebenso zu entrinnen, wie es den biblischen Vorbildern zuteil wurde. Besonders eindrucksvoll sind die Verherrlichungen von Glaubenszeugen in solchen Darstellungen, die an die Zeit der erst um 300 zu Ende gegangenen Christenverfolgungen erinnern. Es sind die ältesten überlieferten Darstellungen christlicher Märtyrer.

Vitrine 27
Sigillataschalen. Nordafrika. Zweite Hälfte des 4. Jahrhunderts.
Mainz, RGZM.

1. Die Vertreibung von Adam und Eva aus dem Paradies.
2. Abraham und sein Sohn Isaak auf dem Weg zur Opferung.

3. David tanzt vor König Saul.
4. Das Urteil des Salomon. Der König thront zwischen den beiden streitenden Müttern, während ein Knecht das Kind mit dem Schwert teilen will *(Abb. 17)*.
5. Die drei Jünglinge im Feuerofen.
6. Jonasgeschichte. Im oberen Teil Jonas in der Kürbislaube ruhend. Unten wird Jonas aus dem Schiff dem Meerungeheuer zum Fraß vorgeworfen.
7. Jonasgeschichte. Rechts der Prophet in der Kürbislaube, unten der Wurf ins Meer mit dem Ungeheuer, oben der trauernde Jonas und die Darstellung der Ausspeiung aus dem Meerungeheuer.

Tonlampen. Nordafrika. Zweite Hälfte des 4. Jahrhunderts.
Mainz, RGZM.

8. Die Heimkehr der Kundschafter aus dem Gelobten Land mit der großen Traube.
9. Die drei Jünglinge im Feuerofen mit einem Engel.
10. Die erretteten Jünglinge mit einem Engel.

Vitrine 28
Sigillataschalen. Nordafrika. Zweite Hälfte des 4. Jahrhunderts.
Mainz, RGZM.

1. Zweifache Darstellung der blutflüssigen Frau, die Jesu Gewand zu fassen versucht.
2. Im oberen Teil Darstellung der blutflüssigen Frau, die Heilung durch die Berührung von Jesu Gewand erlangt. Im unteren Teil Darstellung der drei Jünglinge, die unversehrt den Feuerofen verlassen.
3. Die Heilung des Lahmen. Zwischen Christus mit dem Stabzepter und einem Apostel trägt der Geheilte sein Bett.
4. Die Erweckung des Lazarus. Zwischen Christus mit dem Stabzepter und Maria oder Martha ist Lazarus in seinem Grabhaus dargestellt.

Tonlampen. Nordafrika. Zweite Hälfte des 4. Jahrhunderts.
Mainz, RGZM.

5. Der auferstandene Christus in der Mandorla, von Engeln getragen über zwei Aposteln. Am oberen Rand der Mandorla die Symbole der Evangelisten.
6. Christus mit dem Kreuzzepter, die Untiere zertretend.

Vitrine 29
Sigillataschalen und Tonlampe. Nordafrika. Zweite Hälfte des 4. Jahrhunderts.
Mainz, RGZM.

1. Die Märtyrerin – durch die Schrifttafel als Domina Victoria gekennzeichnet – steht am Pfahlgalgen zwischen zwei Löwen.
2. Der Märtyrer steht am Pfahlgalgen zwischen zwei Bären.
3. Ein Löwe und ein Panther zu beiden Seiten eines Märtyrers, der verherrlicht auf einem Amtsstuhl im Lorbeerkranz thront.
4. Darstellungen von zwei kauernden Hasen – Symbol für die Furchtlosigkeit des Ängstlichen in Gott.

5. Tonlampe mit Christusmonogramm im Innenfeld.

Herakles und Achill. In die Übergangszone, zwischen die Welt des Christentums und die heidnischen Kulte, gehört die Verehrung von Achill und Herakles. Am Geschick des Herakles faszinierte das von Mühe beladene Leben, welches schließlich von den Göttern belohnt wurde. Von den Heiden als Exempel einer Erlösung verstanden, wurden diese Mythen von den Christen als prophetische Hinweise auf die endgültige Rettung der Menschen durch Christus interpretiert. Das Leben Achills war dagegen Beispiel dafür, daß niemand göttlicher Berufung sich entziehen kann, um dem Schicksal zu entrinnen – eine Lehre, die Christen und Heiden ansprach. Als Denkmäler mit doppelter Interpretationsmöglichkeit sind die Bilder ein Zeugnis für die Unsicherheit und das Suchen nach Rettung im Jenseits, den charakteristischen Zug spätantiker Geisteshaltung.

Abb. 17-18: Sigillataschalen: Urteil des Salomo (27,4) und Herakles (30,2).

Vitrine 30
Sigillataschalen. Nordafrika. Zweite Hälfte des 4. Jahrhunderts.
Mainz, RGZM.

1. Herakles, umgeben von Tieren. Auf der Schulter trägt er eine Hacke zum Umleiten des Flusses Styx in die Ställe des Augias, um diese so zu reinigen.
2. Herakles im Kampf mit dem Löwen *(Abb. 18)*.
3. Herakles und die Schlange Hydra.
4. Der opfernde Herakles und die Siegesgöttin, die ihn mit einem Kranz belohnt.
5. Herakles, seine Keule schwingend, vor der Siegesgöttin.
6. Herakles vor der thronenden Athena.

7. Tonlampe. Nordafrika. Zweite Hälfte des 4. Jahrhunderts.
   Mainz, RGZM.
   Herakles mit Keule und Löwenfell.

Vitrine 31

1. Model für das Mittelfeld einer rechteckigen Patene (mit Abdruck in rekonstruierter Schale). Nordafrika. Zweite Hälfte des 4. Jahrhunderts.
   Mainz, RGZM.
   Achilleus sitzt, auf eine Lanze gestützt, zwischen seiner sich an eine Säule lehnenden Sklavin Briseis und seinem Wagenlenker Automedon. Ihm nähert sich in gebeugter Haltung der Trojanerkönig Priamos, um die Herausgabe der Leiche seines Sohnes Hektor zu erbitten.

2. Rechteckige Patene. Nordafrika. Zweite Hälfte des 4. Jahrhunderts.
   München, Prähist. Staatsslg.
   Das Mittelfeld mit der Darstellung des Priamos vor Achilleus wurde mit einem gleichartigen Model wie Nr. 1 dekoriert. Auf dem Rand der Schale sind von links oben beginnend im Uhrzeigersinn bis zur rechten Seite Szenen aus der Jugend des Achill dargestellt: Seine Geburt, das Unverwundbarmachen durch die Mutter Thetis im Styx, seine Erziehung beim Centauren Chiron und sein Leben in Frauenkleidern unter den Töchtern des Lykomedes bis hin zu seiner Entdeckung durch Odysseus, der ihn verführt, zu den Waffen zu greifen. Die Szenen am oberen Rand der Schale bleiben ungedeutet.

Tonlampen. Nordafrika. Zweite Hälfte des 4. Jahrhunderts.
Mainz, RGZM.

3. Achilleus auf dem Streitwagen, den getöteten Hektor nachschleifend.
4. Gleiche Szene wie Nr. 3.
5. Der junge Achilleus, auf dem Rücken des Centauren Chiron sitzend, lernt das Jagen.

Repräsentationsdarstellungen. In den Bereich offizieller Repräsentation führen die Schalen mit Darstellungen von Circusrennen, Tierkämpfen und Gladiatorenspielen. Sie waren Mittelpunkt der staatlichen Feste und bewahrten lange noch einen Rest heidnischen Geistes im christlich gewordenen spätantiken Römerreich. Den besonderen Charakter solcher Tonarbeiten machen die in Ton imitierten Elfenbeindiptychen deutlich. So wie hohe Reichsbeamte ihre Ernennungen auf den Elfenbeintafeln als kostbares Geschenk Ihresgleichen kund taten, erfolgte dieser Akt offenbar bei niederen Beamten auf Tafeln einfachen Materials.

Vitrine 32
Model für eine rechteckige Patene (mit Abdruck). Nordafrika. Zweite Hälfte des 4. Jahrhunderts.
Mainz, RGZM.

Auf dem Rand der Schale sind Gladiatoren im Kampf mit Löwen, Bären und Panthern dargestellt. Das Mittelfeld ziert das Bild eines Rennfahrers in der Quadriga, der in der rechten Hand die Peitsche schwingt und in der linken die Siegespalme hält *(Abb. 19)*.

Vitrine 33

1. Patrize für ein Model eines Diptychons. Nordafrika. Zweite Hälfte 4. bis 5. Jahrhundert.
   München, Prähist. Staatsslg.
   Auf dem erhaltenen Oberteil der Patrize sieht man den Beamten vor einem gerafften Vorhang, in der Linken ein Zepter mit den beiden Kaiserköpfen, in der Rechten die Mappa haltend.

2. Model für ein Tondiptychon (mit Abdruck). Nordafrika. Zweite Hälfte des 4. Jahrhunderts.
   Mainz, RGZM.
   Im oberen Teil ist der in einer von Schranken begrenzten Loge thronende Beamte dargestellt. Zu seiner Linken steht, ein Tuch haltend, ein Priester des Kaiserkultes, am rechten Rand durch eine Säule getrennt ein Beamter mit einem Kugelzepter in der Linken. Der untere Teil zeigt den Kampf eines Gladiators mit einem Bären.

3. Model für ein Tondiptychon (mit Abdruck). Nordafrika. Zweite Hälfte des 4. Jahrhunderts.
   Mainz, RGZM.
   Die Darstellung im Oberteil entspricht der auf Nr. 2. Besonders deutlich ist die Mappa in der Hand des thronenden Beamten zu sehen. Im Unterteil sind zwei Gladiatoren dargestellt, von denen der eine sich mit einem Schild eines Hirsches erwehrt, der andere, eine Lanze haltend, sich von einem getöteten Raubtier abwendet.

Fragmente von Tondiptychen. Nordafrika. Zweite Hälfte des 4. Jahrhunderts.
Mainz, RGZM.

4. Stehender Beamter vor drapiertem Vorhang, in seiner Linken das Zepter mit den Kaiserköpfen haltend.
5. Beamter in der Circusloge.
6. Rand der Circusloge und Oberkörper eines kämpfenden Gladiators.
7. Gladiator mit weitem Mantel in der Arena.
8. Körper eines Panthers in der Arena.

Fragmente von Tondiptychen. Nordafrika. Zweite Hälfte des 4. Jahrhunderts.
München, Prähist. Staatsslg.

9. Oberkörper eines Gladiators in der Arena.
10. Oberteil einer Szene in der Circusloge, ähnlich Nr. 2.

Vitrine 34

Sigillataschalen. Nordafrika. Zweite Hälfte des 4. Jahrhunderts.
Mainz, RGZM.

1. Wagenlenker einer Quadriga mit Siegespalme und Ehrenkranz.
2. Wagenlenker einer Quadriga mit Siegespalme und Ehrenkranz.
3. Drei Dromedare aus dem Circus in prunkvoller Zäumung.
4. Tierbändiger, eine Löwin führend, im Circus vor einer zweiten Löwin.
5. Gladiator mit einem Bären kämpfend und exotische Tiere – oben ein Elefant.
6. Gladiator mit Panther, Löwe, Bär und wilden Ochsen kämpfend.
7. Drei Löwen und eine Löwin – Tierhetze.
8. Zwei Panther und ein Löwe.
9. Löwe und Löwin mit einem Cantharus.
10. Tierhetze von Raubtieren.

Tonlampen. Nordafrika. Zweite Hälfte des 4. Jahrhunderts.
Mainz, RGZM.

11. Geschmücktes Kamel.
12. Gladiator.
13. Büste eines Beamten in Toga.

Sarkophag

Arles-Trinquetaille, Dép. Bouches-du-Rhône, Frankreich. 4. Jahrhundert.
Arles, Musée Lapidaire d'Art Chrétien (Kopie RGZM).

Die Reliefs des 2,36 m langen Steinsarkophags zeigen Szenen einer Tierjagd. Ein Baum teilt die Darstellungen auf dem Sargtrog in zwei Szenen. Links treibt ein berittener Jäger ein Wildschwein einem Jagdknecht entgegen, der es mit seiner Saufeder aufhält. Im Hintergrund stellt ein Jagdhund einen Hirsch.
Rechts verfolgen drei berittene Jäger ein von ihren Hunden gehetztes Rudel dreier Hirsche in ein aufgestelltes Fangnetz.

Der Fries des Deckels, durch die von zwei Eroten gehaltene Tafel für den Namen der Verstorbenen unterteilt, zeigt das Ende der Jagd. Die Jagdknechte tragen die gefangenen Tiere, teils in Netze gewickelt, teils über die Schulter geworfen, nach Hause. Einer von ihnen führt einen eingefangenen Hirsch an einem Seil.
Die Sarkophage mit Jagddarstellungen gehen auf eine ältere heidnische Tradition zurück. Allerdings weichen die oft recht dramatisch dargestellten Tiertötungen im Laufe des 4. Jahrhunderts vornehmlich unblutigen Jagdszenen. Diese allgemein im Römischen Reich zu beobachtende Wandlung des Geschmacks mag mit einer Abkehr von einem stark ausgeprägten heroischen Lebensgefühl zusammenhängen. Daß darüber hinaus die nun gezeigten Tierfangszenen ein Abbild der Wirklichkeit waren, überliefert die spätantike Literatur, die viel von Jagden in umhegten Tierparks berichtet. Die dazu nötigen Tiere mußten zuvor eingefangen werden.
In dem Sarg wurden die Gebeine einer Frau und eines neugeborenen Kindes gefunden. Entsprechend dem Ritus der Oberschicht, waren ihnen keine Beigaben mitgegeben worden. Der Name der Verstorbenen war nicht in die Tafel des Deckels eingemeißelt. Möglicherweise hatte man ihn mit Farbe in dieses Feld geschrieben, die im Laufe der Jahrhunderte verwittert ist.

CHRISTLICHES KUNSTHANDWERK IN DER SPÄTANTIKE – EIN ABSCHLIESSENDER ÜBERBLICK

Die frühen Beispiele für die Darstellung christlicher Themen finden sich im 4. Jahrhundert vor allem auf kleinen Objekten. Besonders eindrucksvoll sind die aus Rom bekannten Goldglasmedaillons – Glasscheiben, die mit Blattgold belegt sind und zur Verzierung von Gräberverschlüssen in den Katakomben verwendet wurden. In den Donauprovinzen des Römerreiches kamen zur selben Zeit Holzkästchen in Gebrauch, die mit Bronzeblech beschlagen waren, in das Szenen der biblischen Überlieferung eingepreßt waren. Seit dem 5. Jahrhundert sind in größerer Zahl reich verzierte Elfenbeindosen erhalten, die in kirchlichem Gebrauch zur Aufbewahrung der Hostien oder des Weihrauchs dienten. Mit der Festigung der christlichen Kirche im Römischen Reich wuchs auch ihr Reichtum. Steindenkmäler der Kirchenausstattung zeigen dies ebenso wie silbernes Altargerät. Gemeinsam ist allen bildlichen Darstellungen die strenge, oft starre Form mit der Tendenz zur stilisierenden Flächigkeit, dem charakteristischen Zug spätantiker Kunst.

Vitrine 36

1.-7. Goldglasmedaillons. Vermutlich aus Rom, Italien. 4. Jahrhundert.
Vatikan, Museo Sacro (Kopien RGZM).
1. Heilige Agnes zwischen den Aposteln Petrus und Paulus.
2. Christus zwischen den Aposteln Petrus und Paulus.
3. Bildnisse der Apostel Petrus und Paulus.
4. Christus mit Apostel bei der wundersamen Brotvermehrung *(Abb. 20)*.
5. Abraham, der seinen Sohn Isaak opfern will *(Abb. 21)*.
6. Darstellung des Thora-Schreines zwischen antithetischen Löwen und zweier siebenarmiger Leuchter.
7. Darstellung der Apostel Petrus und Paulus.

8. Bronzene Kästchenbeschläge. Dunapentele,

Abb. 19 Abdruck vom Model mit Quadriga (32).
Abb. 20-21 Goldglasmedaillons (36,4.5).

Ungarn. Drittes Viertel des 4. Jahrhunderts.
Mainz, RGZM.
Die vier Bronzeblechstreifen dienten zur Verkleidung eines Holzkästchens (24,5x30,5x 14cm). Zwei Streifenpaare zeigen Medaillons mit Büsten bzw. Metopenfelder mit Figuren. Es wiederholen sich jeweils drei Motive. Bei den Medaillons wiederholen sich Medusenhaupt, Kaiserbüste und einander zugewandte Büsten mit Christogramm darüber und der umlaufenden Legende (P)ETR(us) und (PA)VLV(S). Zwischen den Medaillons finden sich als Füllfiguren Eidechse, Pfau, Delphin, Gefäß und Biene.
Die Metopenfelder wiederholen von links nach rechts: Daniel in der Löwengrube, Moses zwischen Palme und Felsen und das Wunder von Kana. Im oberen Teil der Felder sind jeweils Christogramme angebracht.

Vitrine 37

1. Silberreliquiar. Pula, Jugoslawien. 4. Jahrhundert.
   Wien, Kunsthist. Mus. (Kopie RGZM).
   Das kleine Reliquiar besteht aus einem sechsseitigen Unterteil, das von einem kuppelartigen Deckel verschlossen wird. Auf den sechs Seiten des Unterteils ist Christus, ein aufgeschlagenes Buch in der Hand haltend, umgeben von fünf Aposteln, dargestellt. Auf dem Deckel wird die Szene in variierter Form wiederholt. Als Büsten erscheinen hier Christus – diesmal ein geschlossenes Buch haltend – und die Apostel.

2. Silberschale. Riha, Syrien. Zweite Hälfte des 6. Jahrhunderts.
   Washington, Dumbarton Oaks Collection (Kopie RGZM).
   Auf dem Boden der Schale ist eine Abendmahlsszene – vermutlich Christus und seine Jünger – dargestellt. Je sechs von ihnen stehen zu beiden Seiten eines Altares, auf dem Meßgerät zu sehen ist. In doppelter Gestalt wiedergegeben, reicht ihnen Christus nach links den Kelch und nach rechts das Brot. Die Inschrift auf dem Rand der Schale zeigt, daß es sich bei ihr um die Stiftung einer Familie für das Seelenheil ihrer Angehörigen handelt. Da mit der Schale ein silberner Kelch gefunden wurde, wird es sich um das Altargerät einer Kirche gehandelt haben.

3. Silberschale. Kleinasien. Zweite Hälfte des 6. Jahrhunderts.
   Mainz, RGZM.
   Die Randzone der Schale ist mit einem Fries von Fischen und Meeresgetier dekoriert. Das rankenumrahmte Mittelfeld zeigt einen Heiligen, der in der Rechten ein Kreuz hält.

4. Mittelfeld einer Silberschale. Kleinasien. 7. Jahrhundert.
   Mainz, RGZM.
   Das Fragment einer ursprünglich großen Silberschale ist im Zentrum mit einem komplizierten griechischen Monogramm versehen, das wohl in derart verschlüsselter Form den Namen des Stifters enthält.

Schrankenplatten

Saint-Maximin-la-Sainte-Baume, Dép. Var, Frankreich. Ende 5. Jahrhundert.
Crypta der Pfarrkirche Saint-Maximin-la-Sainte-Baume, zu seiten des Altars vermauert (Kopien RGZM).

Bei der Crypta handelt es sich um die spätantike Grabgruft einer vornehmen Familie. Drei Särge mit reicher Skulpturendarstellung aus dem 4. Jahrhundert stehen noch heute hier. An der Südseite der Crypta öffnet sich eine rechteckige Nische, die im Mittelalter erweitert wurde. Möglicherweise stand hier schon in spätantiker Zeit ein kleiner Altar für Gottesdienste an den Gräbern. Die heute z.T. fragmentierten Platten dienten vermutlich als Schranken zur Abtrennung dieses Raumes. Ihren Maßen nach zu urteilen, waren sie ursprünglich zwei Paare von jeweils gleicher Größe. Auf den beiden höheren sind der Prophet Daniel und die Jungfrau Maria dargestellt (H. 105cm, Br. 86cm. – H. 120cm, Br. 74cm). Daniel steht als nackter Mann in der Löwengrube zwischen zwei Raubtieren *(Farbtaf. V)*; die Arme hat er zum Gebet erhoben. Die Jungfrau Maria auf der anderen Platte ist als Mädchen im langen Gewand mit einem Schleier dargestellt. Die lateinische

Farbtafel V: Schrankenplatte aus Saint-Maximin-la-Sainte-Baume (S. 56).

Inschrift der Platte nennt sie eine Dienerin (minester) des Tempels von Jerusalem, in Anlehnung an ein apokryphes Marienevangelium. Danach war sie vor ihrer Hochzeit Dienerin am Heiligtum.
Die beiden kleineren Platten (H. 78 cm, Br. 70 cm. – H. 80 cm, Br. 63 cm) zeigen die Darstellung des Opfers Abrahams und eines Priesters. Abraham faßt seinen Sohn Isaak am Kopf, um ihn in Gottes Auftrag auf dem Altar zu opfern. Die Rettung durch Gottes Gebot wird angezeigt von dem kleinen Ziegenbock, der dann an Stelle des Sohnes geopfert wurde. Der Gestalt des Priesters auf der anderen Platte fehlt wegen der Beschädigung der Kopf. Der Priester ist in langem faltenreichen Gewand wiedergegeben und trägt über dem Arm einen bestickten Manipel.
Wegen der flächigen Art der Darstellung sind die Platten in das späte 5. Jahrhundert zu datieren. Trotz ihrer Einfachheit vermittelt die graphisch anmutende Zeichnung alle Elemente spätantiker Kunsttradition. Wohl durch Salben mit geweihtem Öl, wie es für kostbare Denkmäler im mittelalterlichen Ritus üblich war, haben die Platten heute eine tiefbraune Färbung. In der Crypta von Saint-Maximin wird heute das Haupt der hl. Maria Magdalena verehrt.

Vitrine 39

1. Elfenbeinpyxis. Minden, Nordrhein-Westfalen. 5./6. Jahrhundert.
   Berlin, Staatl. Mus. Preuß. Kulturbesitz (Kopie RGZM).
   Die 7,9 cm hohe Pyxis ohne Deckel zeigt Marienszenen. Unter dem unverzierten Platz für das Schloß ist in einem Kranz das Kreuzmonogramm wiedergegeben. Rechts daneben beginnt die Szenenabfolge mit der Verkündigung: Maria, auf einem Klappstuhl mit einer Spindel in der Hand, naht sich der Verkündigungsengel. Es folgen der Ritt nach Bethlehem und schließlich die Geburt Christi.

2. Elfenbeinpyxis. Angeblich in der Mosel gefunden. 8./9. Jahrhundert.
   Wien, Kunsthist. Mus. (Kopie RGZM).
   Deckel und Metallbeschlag des Schlosses dieser 9,8 cm hohen Elfenbeinpyxis sind verloren, unter dem Schloß ein Adler. Rechts anschließend die Geburt Christi; eine bärtige Figur in langem Mantel sitzt neben der gemauerten Krippe, in der Christus mit Kreuznimbus liegt; darunter erhebt Salome ihren verdorrten Arm; zu beiden Seiten Ochs und Esel. In der zweiten Szene ist die Anbetung der Magier dargestellt; Maria thront mit dem Christuskind auf dem Schoß, die drei Magier eilen mit flatternden Mänteln auf sie zu; dahinter eine Frau, die staunend die Hand hebt.

3. Elfenbeinpyxis. Essen-Werden, Nordrhein-Westfalen. 5. Jahrhundert.
   Essen-Werden, Abteikirche (Kopie RGZM).
   Elfenbeinpyxis ohne Deckel, deren Boden mit palmettenverzierten Klammern aus Silberblech und vergoldeten Nieten befestigt ist. H. 10 cm. Die Reliefs der Pyxis schildern die Geburt Christi. Auf der linken Seite des rechteckigen Schlosses sind Joseph, die ruhende Gottesmutter, eine Dienerin und das Christuskind dargestellt, das von Ochs und Esel gewärmt wird. Die Verkündigung der frohen Botschaft an die Hirten ist im Bildfeld rechts des Schlosses dargestellt. Während einer der Hirten in einer geflochtenen Hütte sitzt, stehen zwei andere bei ihren Schafen auf dem Felde und erblicken den Stern von Bethlehem als Zeichen der Geburt des Erlösers.
   Bei den palmettenverzierten Klammern aus Silberblech handelt es sich um Zutaten aus karolingischer Zeit.

4. Elfenbeinpyxis. FO. unbekannt. 5. Jahrhundert.
   Darmstadt, Hessisches Landesmus. (Kopie RGZM).
   Die 8,2 cm hohe Pyxis besitzt einen schmalen Randfalz für den heute nicht mehr vorhandenen Deckel. In den umlaufenden Szenen sind Heilungswunder Christi geschildert: Heilung des Gichtbrüchigen, der sein Bett auf der Schulter trägt; daneben Christus mit Kreuznimbus, dahinter zwei Jünger. Es folgen die Auferweckung des Lazarus und die Heilung des Besessenen.

5. Elfenbeinpyxis. FO. unbekannt. 5./6. Jahrhundert.
Leningrad, Eremitage (Kopie RGZM).
Der Bronzedeckel mit Petrus und Paulus zu seiten des Kreuzes ist später hinzugefügt, der Boden mit Klammern befestigt (H. 9,5 cm). Unter dem Schloß kniet der mit Ketten gefesselte Besessene vor Jesus. In der Szenenfolge schließen sich an: Die Samariterin am Brunnen, Christus zwischen zwei Säulen, Ehebrecherin, Heilung des Blindgeborenen und des Gichtbrüchigen, Auferweckung des Lazarus.

6. Elfenbeinpyxis. Dorf an der Mosel, Rheinland-Pfalz. 5. Jahrhundert.
Berlin, Staatl. Mus. Preuß. Kulturbesitz (Kopie RGZM).
Eine Seite der 12 cm hohen Pyxis zeigt den vor einer Arkade thronenden Christus mit einer Schriftrolle in der linken Hand und segnend erhobener Rechten. Unter den lauschenden Aposteln sind auch Petrus und Paulus, die zu Füßen Christi sitzen. Auf der gegenüberliegenden Seite ist das Opfer Abrahams dargestellt, vielleicht zugleich als Symbol für den Opfertod Christi. Die Hand Gottes hält Abraham zurück, der bereits sein Messer erhoben hat, um seinen einzigen Sohn Isaak am Altar zu töten.

7. Elfenbeinpyxis. FO. unbekannt. 6. Jahrhundert.
Berlin, Staatl. Mus. Preuß. Kulturbesitz (Kopie RGZM).
Die 8,1 cm hohe Elfenbeinpyxis ist mit neuem Boden versehen. Die Reliefs der Pyxis schildern, durch eine Mauer getrennt, zwei Wunderszenen: Die Heilung des Blindgeborenen und des Wassersüchtigen; Christus mit Stabkreuz wird von zwei Jüngern begleitet.

8. Elfenbeinpyxis. Trier. Zweite Hälfte des 5. Jahrhunderts.
Trier, Rhein. Landesmus. (Kopie RGZM).
Die in einem Keller des Amphitheaters von Trier gefundene Elfenbeindose ist nur noch in Fragmenten erhalten. Sie besaß ursprünglich einen Durchmesser von ca. 12,7 cm. Auf dem Fragment sind drei Szenen aus dem Alten Testament dargestellt. Stark zerstört ist das Bild der Opferung Isaaks. Zu sehen ist Abraham mit einem Kurzschwert in der Rechten neben dem kauernden Isaak, über dem Gottes Hand erscheint, die den Vater an der Tötung seines Sohnes hindert.
Getrennt davon durch einen Ständer mit bekkenartigem Aufsatz ist das Bild des Propheten Daniel in der Löwengrube. Er steht aufrecht zwischen zwei sitzenden Löwen, die Hände zum Gebet erhoben. Von links naht Habakuk, geleitet von einem Engel, der dem Propheten Nahrung bringt. In der dritten Szene stehen drei Jünglinge im Feuerofen zwischen lodernden Flammen vor einer Gebäudefassade.
Auch bei dieser Arbeit lassen sich wiederum Anklänge an Stilelemente der Elfenbeinschnitzerei des 6. Jahrhunderts erkennen.

HEIDNISCHE TEMPELSCHÄTZE UND CHRISTLICHE KIRCHENSCHÄTZE

Das Nebeneinander und gegenseitige Beeinflussen von Heidentum und Christentum werden beispielhaft deutlich in der Ausstattung der Heiligtümer. So wie es heidnischer Tradition entsprach, in den Tempeln als Weihegaben Geräte des Alltags sowie besondere für den Zweck der Niederlegung angefertigte Gegenstände den Göttern zu opfern und so den Reichtum des Heiligtums zu steigern, wird dieses Brauchtum im Laufe der Spätantike von den Christen übernommen. Kostbare Geschenke werden, seit dem 6. Jahrhundert überliefert, in den Kirchenschätzen bewahrt. Silberne Votivbleche, Schmuck und

Alltagsgerät aus dem Heiligtum am Pyrenäenrand in Südfrankreich, von plündernden Germanen als Beute zum Rhein geschleppt und dort zu Ende des 3. Jahrhunderts verloren, stehen in derselben Tradition wie die Silberschalen aus Lambousa oder die Geschenke der Langobardenkönigin Theodelinde an die Kirche von Monza. Sie legen Zeugnis ab von der Verehrung des Göttlichen durch die Menschen.

Der Fund von Hagenbach. In den Jahren 1963 bis 1971 kamen in einem Baggersee in der Rheinniederung südöstlich von Hagenbach, Kreis Germersheim, Rheinland-Pfalz, immer wieder römische Fundobjekte ans Tageslicht. Die laufenden Baggerarbeiten, die Tiefe des Sees mit rund 8 m sowie die allgemeinen und technischen Umstände machten es unmöglich, die Fundstellen unter Wasser direkt zu untersuchen. So blieb nur das erhalten, was der Bagger zutage förderte und von Interessierten aufgesammelt und gesichert wurde. So lassen sich von dieser Fundstelle Bronzegefäße im Museum Bruchsal nachweisen und das Historische Museum der Pfalz, Speyer, kaufte Silberschmuck aus Privatbesitz an. Ein großer Teil der Funde kam in das damalige Staatliche Amt für Vor- und Frühgeschichte, heute Landesamt für Denkmalpflege, Abteilung Bodendenkmalpflege, Außenstelle Speyer.

Das Fundmaterial zeigt in seiner kulturellen Einheitlichkeit deutlich, daß hier ein geschlossener archäologischer Fundkomplex im Rheinkies verborgen lag. Aufgrund der Zusammensetzung und des Erhaltungs- und Auffindungszustandes darf man davon ausgehen, daß es sich um Beutegut handelte, das von germanischen Horden in Gallien geraubt worden war.

Nach dem Fall des Limes in der zweiten Hälfte des 3. Jahrhunderts zogen germanische Horden und Gruppen plündernd durch Gallien. Mit Beute beladen, versuchten sie, auf das rechte Rheinufer zurückzukehren, wurden jedoch – wie überliefert – auf dem linken Rheinufer nicht selten von römischen Truppen abgefangen; die natürlichen Gefahren des Stromübergangs vermehrten sich so für diese Gruppen erheblich, wie die Vielzahl von römischen Metallfunden dieser Zeit aus den Rheinkiesen beweist.

Das nachweisbare Fundgut – insgesamt 346 Objekte – besteht aus 41 römischen Bronzegefäßen verschiedenster Art *(Abb. 23)*. Zumeist sind es Kessel mit eisernem Henkel und Becken, Kasserollen mit Sieben; Halbdeckelgefäße, Teller und Kannen sind seltener.

Zu den 109 Geräten aus Eisen gehören mit 16 Exemplaren Äxte und Beile. Dabei ist bemerkenswert, daß bei den meisten das Schaftloch sekundär flach geschlagen wurde, diese Geräte also nur wegen ihres Materialwertes abtransportiert wurden. Daneben finden sich noch Spitz- und Flachhacken, Dechsel, Hämmer, Zangen, Scheren, Messer, Haumesser, Löffelbohrer und ähnliches. Waffen wie Schwerter, Lanzen und Pfeilspitzen, Wurfbeile und Schildbuckel sind mit 16 Exemplaren relativ selten. Bei den sonstigen Eisenobjekten, handelt es sich meist um Beschläge von Wagen. Vielleicht also war die auf einen Wagen geladene Beute im Strom versunken.

Überraschend ist die Zahl der aus Silber gefertigten Gegenstände. So liegen die Reste von mehreren Silbergefäßen vor, die jedoch – bis auf zwei – alle zerschnitten, zum Einschmelzen vorbereitet, teilweise sogar angeschmolzen sind. Hier zeigt sich wohl am deutlichsten der Beutecharakter des Gesamtfundes, der offensichtlich nur des Materialwertes wegen geraubt worden war. Auch ein Teil des Silberschmucks – insgesamt 25 Objekte – ist nur zur Hälfte erhalten. Halsringe sind halbiert, von Armringen nur jeweils ein Exemplar vorhanden. Die zwei silbernen Fibeln wie die teilweise angeschmolzenen Beschläge sind in ihrer Art ohne Vergleichsstücke.

Den historisch bedeutsamsten Teil bilden jedoch die 129 silbernen Votivbleche *(Abb. 22)*. Etwa die Hälfte dieser zum Teil papierdünnen Silberbleche war mit einem Silberreif zum besseren Transport gebündelt. Es ist dies der größte geschlossene Fund solcher Votivgaben, der jemals nördlich der Alpen gemacht wurde. Es handelt sich um Weihegaben, die als Dank oder zur Bekräftigung einer Bitte an eine Gottheit im Tempel niedergelegt wurden. Sie sind vegetabil gestaltet mit einer Mittelrippe und seitlicher Fiederung. Der Oberteil ist entweder in ähnlicher vegetabiler Form ausgeschnitten oder bildet ein Aedikulafeld. Relativ häufig sind auf dem Oberteil der Bleche sogenannte Lunulae, mondsichelförmige Appliken, aufgeheftet. Figürliche oder sonstige in das dünne Silberblech eingepaßte weitere Votive sind selten.

Auf 34 dieser Votivbleche lassen sich mit dem Stilus eingravierte Weiheinschriften nachweisen, zumeist auf dem glatten Aedikulafeld. Es handelt sich um Weiheinschriften, die in dem üblichen römischen Schema den Namen des angerufenen Gottes – hier Mars –, den Namen des Weihenden und eine abgekürzte Weiheformel – hier fast immer VSLM (votum solvit libens merito) – enthalten. Die Weihenden bezeichnen sich in einigen Fällen nach römischer Art mit Gentilnamen und Cognomen, überwiegend jedoch mit nur einem Eigennamen, unter Zusatz des Vaternamens im Genitiv. Dabei sind die Vaternamen durchweg unrömisch, auch die Namen der Weihenden selbst. Von den 28 nichtrömischen Namen haben 12 (z.B. Andossus) genaue Entsprechungen ausschließlich im Namensmaterial des sog. Ausco-Aquitanischen Sprachgebietes, also im Bereich der französischen Pyrenäen und ihres nördlichen Vorlandes. Acht weitere, darunter z.B. Obbelexxus, haben in eben diesem Raum und wiederum nur dort sprachlich nahe Verwandte. Für die übrigen Fremdnamen sind bisher keine Parallelen bekannt.
Leider geben die Inschriften der Votivbleche keinen Hinweis darauf, welcher wohl einheimischen Gottheit sie unter der Bezeichnung »dominus Mars augustus« geweiht wurden, so daß eine Zuweisung zu einem der bezeugten größeren Marsheiligtümer im Ausco-Aquitanischen Sprachraum – z.B. in Ardiège, Montserié oder Aire-sur-l'Adour – nicht möglich ist. An der Herkunft der Bleche aus einem Kultbezirk dieses Gebietes kann jedoch insgesamt nach Ausweis des Namensmaterials nicht gezweifelt werden. Damit ist es erstmals möglich, die historisch überlieferten germanischen Beutezüge durch Gallien bis zu den Pyrenäen in der zweiten Hälfte des 3. nachchristlichen Jahrhunderts archäologisch zu beweisen. Der Charakter des Gesamtfundes als germanische Beute wird damit gleichfalls bestätigt. Inwieweit auch das übrige überlieferte Material dieses Fundkomplexes – insbesondere Silbergeschirr und Silberschmuck – aus dem aquitanischen Bereich stammt, ist derzeit noch nicht zu übersehen. Es kann ebensogut auf dem Rückweg irgendwo in Gallien geraubt worden sein.

H.-J. Engels

Vitrine 40

Gegenstände aus Eisen.

Vitrine 41

Gegenstände aus Bronze *(Abb. 23).*

Vitrine 42

Gegenstände aus Silber.

1. Votivbleche *(Abb. 22).*
2. Zierbeschlag einer Nische für ein Kultbild. Zusammen mit den Silbervotiven und Gefäßen wurden auch sieben Teile eines größeren Zierbeschlages gefunden. Mit Mittelrippe oder flach dreieckigem Steg und seitlich in gleichmäßigen Abständen eingeprägter »Fiederung«, waren die aus stärkerem Silberblech bestehenden Teile gewaltsam aus ihrem Zusammenhang gerissen worden, wobei die Nagel- und Nietlöcher ebenfalls aufgerissen und verformt wurden. Die seitlichen, säulenartigen Elemente mit separat aufgesetztem »Kapitellzierat« wurden zusammengefaltet und sind entsprechend an den Faltstellen auch gebrochen.
Neben den leicht nach oben sich verjüngenden »Säulchen« oder Stützen, wurden zwei leicht gebogene Bänder mit gleichartigem Dekor gefunden, deren Position durch die Nietlöcher an einem Teil dadurch gesichert ist, daß die in einem Dreieck angeordneten Nietlöcher mit solchen am Oberteil einer Stütze deckungsgleich sind und hier aufgenietet waren.
Wohl auf eine Holzunterlage montiert, bilden die erhaltenen Teile die Rahmung einer Bogennische oder Blende von ca. 1,14 m Höhe im Bogenscheitel, 0,70 m Höhe der Stützen bis Bogenansatz und 0,64 m Breite. Von dem Bogenbeschlag fehlt etwa die Hälfte des »Halbbogens«, der einen Radius von ca. 43 cm mißt. Die Zusammengehörigkeit zu den Silbervotiven ist durch den Dekor wie auch die Silberzusammensetzung gesichert.

H. Cüppers

3. Schmuck.
4. Gefäße.

Abb. 22-23 Fund von Hagenbach: Votivbleche (42,1) und Bronzefunde (41).

Der Kirchenschatz von Monza. Das prächtigste noch heute an seinem Platz aufbewahrte Ensemble kostbarer Gegenstände stammt aus der Johannes dem Täufer geweihten Kirche von Monza, einer Residenz der langobardischen Könige in Oberitalien. Der Schatz geht auf die langobardische Königin Theodelinde zurück, eine bairische Prinzessin, die 589 den Langobardenkönig Authari geheiratet hatte. Nachdem sie mit dem Bau der Kirche nahe dem Palast im Jahre 590 begonnen hatte, trug sie durch kostbare Geschenke zur reichen Ausstattung bei. Unter den Gegenständen befinden sich einige – so die Buchdeckel und das Reliquienkreuz –, die die Königin im Jahre 602 von Papst Gregor dem Großen aus Anlaß der Geburt ihres Sohnes Adaloald erhielt.

Vitrine 43

1. Krone der Königin Theodelinde. Um 590 *(Abb. 24)*.
   (Kopie RGZM).
   Dm. 17 cm. Das 4,5 cm breite Goldblech ist an beiden Rändern von einem Perldraht gesäumt. Dazwischen sind in fünf Reihen Einzelzellen (»Cabochons«) angeordnet: Oben und unten große Kreiszellen, die Perlmuttscheiben umschließen; in der Mitte im Wechsel auf die Spitze gestellte, große quadratische und große leicht ovale Zellen mit hell- und dunkelblauen Steineinlagen. In den Zwickeln zwischen diesen großen Zellen befinden sich jeweils kleine kreisförmige Fassungen mit hellen Steinen. Einzelne verlorene Einlagen wurden später durch Glasflüsse ersetzt. Die drei Löcher am oberen Rand des Diadems dienten einst zur Aufhängung in Form einer Weihekrone in Verbindung mit dem heute verlorenen Theodelindenkreuz. Die zwölf kleinen Löcher am unteren Rand waren zur Aufnahme feiner Kettchen bestimmt, an denen vermutlich die elf Buchstaben des Namens THEODELINDA und ein den Wortanfang bezeichnendes Kreuz montiert waren.

2. Behälter für den Fächer (Flabellum) der Königin Theodelinde. Wohl um 600.
   (Kopie RGZM).
   L. ohne Ring 40,2 cm. Der mit Silber verkleidete hölzerne Behälter besteht aus einem glatten Stab als Handgriff, der nach einer keulenartigen Verdickung mit einem kegelstumpfförmigen Zwischenstück in die Custodia, den eigentlichen quaderförmigen Behälter übergeht. Dieser ist mittels eines an einer Schmalseite angebrachten Scharniers zu öffnen. Die planen Flächen des Kästchens und des Kegelstumpfes sind mit getriebenen pflanzlichen Ornamenten verziert.
   Der hier nicht ausgestellte Fächer besteht aus purpurgefärbtem Pergament, das beidseits eine Inschrift in Gold und Zeichnung (Blatt- und Rosettenmotive) in Silber und Gold trägt. Die Anordnung der Zeichnung nimmt Rücksicht auf die Faltung der aus zwei Teilen zusammengeklebten Pergamentscheibe (Dm. 26 cm). Die in erster Person Singular gehaltene Inschrift läßt den Fächer Schutz vor der Sonne und die Schaffung angenehmer Frische für die Trägerin wünschen. Das Original wurde 1986 eingehend untersucht und restauriert.

3. Gregoriuskreuz. 6. Jahrhundert (vor 603).
   (Kopie RGZM).
   H. mit Öse 8,4 cm. Das Enkolpion (»Eingeschlossene«) ist ein flaches Goldkreuz, in das die Darstellung von Christus am Kreuz, Maria und Johannes eingraviert und dann mit Schwefelsilber (Niello) ausgelegt ist. Am oberen Kreuzarm steht das Monogramm Christi und darüber ein Kreis und ein Halbkreis, die als Sonne und Mond gedeutet werden. Dieses Goldkreuz ist von einem in der Form ihm angepaßten Kreuz aus geschliffenem Bergkristall bedeckt. Beide werden von einer kästchenartigen kreuzförmigen Goldfassung zusammengehalten. Diese Kapsel, die das Kreuz zu einem Reliquienbehälter für einen Splitter vom Kreuz Christi macht, ist auf der Außenseite mit einer Kreuzrosette und davon ausgehenden Blattranken verziert.

4. Goldener Tafelaufsatz in Form einer Henne mit sieben Küken. Wohl spätantik *(Abb. 25)*.
   (Kopie RGZM).

Abb. 24-25 Kirchenschatz von Monza: Krone der Theodelinde (43,1) und Tafelaufsatz (43,4).

Dm. 46 cm, H. 26,5 cm. Die auf einer großen Scheibe verteilten Tiere picken die darauf verstreuten Körner auf. Die Figuren sind hohl getrieben und nachgearbeitet. Dabei ist das Gefieder stark stilisiert wiedergegeben. Trotzdem sind die Unterschiede zwischen dem Flaum der Küken und den Federn der Glucke deutlich zu erkennen. Das linke Auge der Henne trägt die eingravierte Darstellung eines Fußkämpfers mit Helm, Lanze und Mantel. Die Entstehung wird im mediterranen Bereich vermutet.

H. Dannheimer (Nr. 1-4)

Vitrine 44

1. Einband vom Evangeliar der Königin Theodelinde. 6. Jahrhundert (vor 603).
   (Kopie RGZM).
   H. 34,4 cm. Die beiden Buchdeckel sind jeweils durch ein vorwiegend mit blauen Steinen und Perlen in ovalen, rechteckigen und kreisförmigen Einzelzellen besetztes Kreuz (Crux gemmata) in vier perlstabgesäumte Felder unterteilt. Deren Hauptschmuck bildet jeweils eine große Kamee, von denen die beiden einfarbigen (vermutlich erst 1773 als Ersatz für antike Originale eingefügt) auf Christus und Maria bezogen werden. In die vier Felder sind nachträglich schmale Metallstreifen eingefügt worden. Sie tragen eine – ehemals niellierte – Widmungsinschrift, die das Evangeliar als Geschenk der Königin Theodelinde an die von ihr zu Ehren Johannes des Täufers in der Nähe ihres Palastes zu Monza errichtete Kirche ausweist.

2. Elfenbeindiptychon. Anfang des 6. Jahrhunderts.
   (Kopie RGZM).
   Die beiden 34 cm hohen Tafeln zeigen Muse und Dichter zwischen Säulen und gerafften Vorhängen unter einem Architrav mit Muschel. Die nach rechts gewandte Muse, mit Diadem und Blumen geschmückt, schlägt die Leier mit dem Plektron. Der auf einem gepolsterten Sitz ruhende Dichter hält eine Schriftrolle in der Hand. Zu seinen Füßen eine weitere Schriftrolle und ein Codex.

3. Diptychon mit dem hl. Gregor und König David. Frühes 6. Jahrhundert, spätestens um 900 überarbeitet.
   (Kopie RGZM).
   Je 34,5 x 11 cm. Die beiden Außenseiten der Schreibtäfelchen zeigten ursprünglich einen mit der Toga bekleideten Konsul stehend bzw. auf der Sella curulis, dem Amtssessel thronend. Die Standfigur hält in Händen die Mappa (ein Tuch) bzw. ein Kreuzzepter; der thronende Konsul hält ebenfalls die Mappa in der Rechten und in der Linken ein Stabzepter. Beide Tafeln zeigen die gleiche Architekturdarstellung. Diese ursprünglichen, profanen Darstellungen wurden später überarbeitet, wobei besonders die Frisur des stehenden Konsuls und die Verzierung der Rahmen verändert wurden. Vor allem aber wurden die Figuren umgedeutet, was aus den neu hinzugefügten Inchriften hervorgeht: DAVID REX bzw. SCS (Sanctus) GREGOR. Hinter dem hl. Gregor sind die (lateinischen) Anfangsverse aus dem Antiphonar Gregors des Großen eingeritzt: Bischof Gregor, durch Verdienste und Namen würdig, hat in seiner Heimat die höchste Ehrenstellung erklommen.

H. Dannheimer (Nr. 1 und 3)

Der sog. Kirchenschatz von Lambousa. Zu Beginn dieses Jahrhunderts wurde in einer Ruine in der Umgebung der cyprischen Stadt Lambousa ein großer Schatzfund entdeckt, der vermutlich im Zuge der Arabereinfälle auf der Insel Cypern um die Mitte des 7. Jahrhunderts verborgen wurde. Es spricht einiges dafür, daß es sich bei den Stücken um Teile eines Kirchenschatzes handelt, der so vor dem Zugriff der

Abb. 26-27 Silberteller aus dem »Kirchenschatz« von Lambousa: David mit dem Löwen (45,5) und David mit dem Bären (45,4).

Plünderer geschützt werden sollte. Außer einem Ensemble von elf Silberschalen gehörte kostbarer Schmuck zu der Ausstattung. Besonders bemerkenswert ist ein Zyklus von neun Silberschalen mit Szenen aus dem Leben Davids, von denen hier acht gezeigt werden.

Vitrine 45

Silberschalen. Lambousa, Cypern. Erstes Drittel des 7. Jahrhunderts.
New York, The Metropolitan Museum of Art und Nikosia, The Cyprus Museum (Kopien RGZM).

1. Der junge David wird von Samuel zum König gesalbt.
2. David wird von seinen Herden zu Saul gerufen, um für ihn zu musizieren.
3. David erscheint vor Saul, um die Erlaubnis für den Kampf gegen Goliath zu erhalten.
4. Davids Kampf mit dem Bären, von dem er Saul als Beispiel seiner Kraft erzählt *(Abb. 27)*.
5. Davids Kampf mit dem Löwen, den er aus gleichem Anlaß schildert *(Abb. 26)*.
6. Die Ausrüstung Davids durch Saul mit den Waffen für den Kampf gegen Goliath.
7. Die Heirat Davids mit Michal, der Tochter Sauls, nach dem Sieg über Goliath und die Philister.
8. Davids Bündnis mit Sauls Sohn Jonathan.
9. Große Silberschale mit einem Kreuz in Niellotechnik und Rankenornament im Mittelfeld.
10. Große Silberschale mit nielliertem Rankenornament und griechischem Kreuz im Mittelfeld.

DAS ENDE DER SPÄTANTIKE IN DER KAROLINGERZEIT

Obwohl seit dem 5. Jahrhundert die spätantike Welt vor allem in ihrem Westteil immer mehr unter den Einfluß der Barbaren geriet, die schließlich den Westteil des Römerreiches vernichteten, blieben westliche Stilformen der Spätantike auch unter der germanischen Herrschaft in den Reichen des frühen Mittelalters lebendig. Besonders eindrucksvoll zeigt sich dies wiederum in den Arbeiten im Umkreis der neuen Königshöfe mit ihrer Oberschicht. Edelmetallkunst und Elfenbeinschnitzerei bewahren so bis in das 9. Jahrhundert Traditionen, die im 4. Jahrhundert ihre erste Blüte hatten. Beispielhaft wird dies in den großen Arbeiten des westfränkischen Königshofes für die Päpste im 9. Jahrhundert sichtbar. Der mächtige in Silber getriebene Crucifixus *(Abb. 29)* zeigt ein Antlitz, das seine stilistischen Bezüge zu der Sarkophagplastik des 4. Jahrhunderts erkennen läßt. Die Elfenbeinplatten mit der Darstellung der Heraklestaten auf der Vorderfront des Papstthrones *(Abb. 28)* führen durch ihre Vorbilder in die gleiche Zeit zurück. Mit dem Ende des 9. Jahrhunderts breiten sich dann neue Stilelemente über Europa aus, in denen nur noch spärlich die ältere Tradition faßbar ist.

Vitrine 46

Cathedra Sancti Petri. Rom. Geschenk Karls des Kahlen 875 an Papst Johannes VIII.
Rom, St. Peter (Rekonstruktion und Kopie RGZM) *(Abb. 28)*.

Der Thron weist in seinem heutigen Zustand beträchtliche Verletzungen auf, die im Laufe der Jahrhunderte bis ca. 1650 entstanden sind. Besonders betroffen sind hiervon die Säulenarkaden an den Außenseiten sowie die obere Arkade der Rückwand. Auch das Holz der Thronrahmenkonstruktion zeigt starke Verletzungen. Die Vorderfront des Thrones ist mit zwölf Elfenbeinplatten – sechs großen

Abb. 28 Cathedra Sancti Petri (46).

und sechs kleineren – verkleidet, auf denen die zwölf Taten des Herakles sowie sechs Untiere dargestellt sind. Die Platten befinden sich am Original nicht mehr in ihrer ursprünglichen Anordnung, die sich aber aufgrund der Thematik und der Randdekors rekonstruieren läßt. Danach befanden sich die zwölf Heraklestaten in zwei Streifen im Oberteil der vorderen Fläche, während die Untiere als Streifen im Unterteil saßen.
Sowohl die Randdekors wie die Bilder im Innenfeld der Platten sind in das Elfenbein eingeschnitten. Goldtauschierungen begrenzen jeweils die Szenen im Mittelfeld. Auch die Randmuster sind zu einem großen Teil goldtauschiert. Die Untersuchungen der Restauratorin Frau Lucia Schmitz vom RGZM Mainz haben ergeben, daß die zwischen den Goldtauschierungen liegenden Ornamentfelder mit kittartigen Farbpasten ausgefüllt sind. Die Wahl der Farben folgt einem regelmäßigen Rhythmus. Auch die Figuren des Herakles in den Mittelfeldern der Elfenbeinplatten waren ursprünglich mit Goldblech plattiert, das nachziseliert war.
Die übrigen sichtbaren Partien des Thrones waren mit durchbrochen geschnitzten Elfenbeinstreifen ausgelegt, die in das Holz eingelassen sind. Die Elfenbeine waren – zumindest teilweise – vergoldet. Zur Steigerung des Glanzes sind sie mit vergoldetem Kupferblech unterlegt gewesen. Von den Elfenbeinstreifen ist eine große Anzahl verlorengegangen. So fehlen die Dekors der linken Thronseite bis auf ein kleines Fragment völlig, ebenfalls weite Partien der rechten Thronseite, und auch Vorder- und Rückseite weisen größere Beschädigungen auf. Darüber hinaus wurden im Laufe der Jahrhunderte zur Reparatur der Schauseite Stücke von den Seitenpartien des Throns benutzt. Besonders auffällig ist dies im linken Drittel der unteren Giebelbegrenzung erkennbar. Sicher originaler Bestand der Vorderseite sind die übrigen erhaltenen Elfenbeinstreifen um das Giebelfeld. Auch der senkrechte Streifen am linken Rand der Lehne sowie der obere Teil der linken Vordersitzseite und der Streifen an der Oberkante des Sitzes befinden sich in originaler Lage. Auf den Seitenpartien des Thrones befindet sich u. a. der waagerechte Streifen an der Oberkante des Sitzes auf der rechten Seite in originaler Position.
Die fortlaufenden Blattranken mit teils straffem, teils krautig wucherndem Akanthusblatt-Dekor umfassen Figuren. Teils handelt es sich um Tiere, teils um Fabelwesen und Tierkreiszeichen sowie auch um Menschendarstellungen. Die Säulenschäfte der Vorderseite der Lehne sowie die gesamte Rückseite des Thrones waren mit einfach dekorierten Streifen ausgelegt, die geometrische Durchbruchmuster aufweisen. Die Forschungen von K. Weitzmann haben gezeigt, daß vor allem das Giebelfeld ein anspruchsvolles Bildprogramm trägt. Im Mittelteil der unteren Begrenzungsleiste erscheint das Bild des Kaisers mit der Krone auf dem Haupt, eine Sphaira – Abbild der Welt – in der Linken, ein – heute abgebrochenes – Stabzepter in der Rechten haltend. Von beiden Seiten nähern sich ihm Engel, Kronen darbietend, gefolgt von weiteren mit Palmwedeln. Zum rechten Rand hin völlig, nach links nur im Ansatz erhalten, folgen Kampfszenen. Zwischen den Engeln und den Kämpfern steht nach rechts hin der Erzengel Michael, den Drachen tötend.
Die ansteigenden Giebelfelder zeigen Tierkreiszeichen. Den oberen Abschluß bilden zur Linken ein Bild des Sol als Symbol der Sonne, zur Rechten ein Bild der Luna als Symbol des Mondes. Als Symbol der Erde ist am unteren Ende des rechten Seitenstreifens eine Frauengestalt zu sehen, die Terra. Weitzmann hat dargelegt, daß ihr auf dem verlorengegangenen linken Seitenstreifen als Symbol des Meeres ein Oceanus entsprochen haben wird.
In diesem Bilderzyklus erscheint der Herrscher als Mittelpunkt des Universums, der die Welt regiert. Wie der Erzengel Michael überwindet er das Böse – symbolisiert durch die Kampfszenen. In der Krönung durch die Engel erscheint ein besonderes Verständnis karolingischen Herrschertums in der Anknüpfung an die biblische Königsherrschaft Davids.
Auch die Taten des Herakles auf der Vorderseite des Sitzes gehören in diese Vorstellungswelt. Bereits das spätantike Christentum deu-

Abb. 29 Großkreuz; Rom, St. Peter.

tet das Leben des Heroen in biblischem Sinn. Die Überwindung der bösen Mächte, das Bestehen der irdischen Prüfungen und die Gewinnung der Glückseligkeit waren Vorbild für die christlichen Herrscher.

So wie die Elfenbeinstreifen ursprünglich mit vergoldetem Kupferblech hinterlegt waren, ist auch das Holz des Thrones völlig verkleidet gewesen. Die Untersuchungen von H. Staude haben im einzelnen erkennen lassen, in welcher Weise die Verkleidung vorgenommen worden war. Danach sind die meisten Partien des Holzes mit vergoldetem Kupferblech beschlagen gewesen. Besonders an Stellen starker Beanspruchung – z. B. im Bereich des Sitzes – war auch echtes Goldblech verwendet worden. Zur Untergliederung der glänzenden Flächen wurde darüber hinaus Silberblech verwendet.

Im Giebelfeld des Thrones befinden sich drei große ovale Öffnungen sowie mehrere ovale Eintiefungen. In den Öffnungen wird man sich große geschliffene Bergkristalle vorstellen müssen. Die Vertiefungen dienten als Basis für die Fassung von Edelsteinen. So wie die Verzierung des Thronsitzes mit Elfenbeinstreifen im Frühmittelalter seit dem 7. Jahrhundert eine längere Tradition hatte und sicher auf spätantike Vorbilder zurückging, war es auch üblich, die Herrscherthrone mit Steinen und Perlen zu verzieren. Besonders Bilder von Thronen Karls des Kahlen geben eine gute Vorstellung vom Zierat solcher Herrschersitze. Auch die Konstruktion des Thrones erfuhr gegenüber dem ersten Entwurf eine Änderung. Ursprünglich war – wie die Zapflöcher im unteren Rahmen anzeigen – vorgesehen, die Vorderseite des Sitzes mit Arkaden zu schmücken. Bis auf das äußerste Zapfloch waren die Vorarbeiten ausgeführt worden, als man plötzlich die Konstruktion änderte und statt dessen Tafeln mit den Taten des Herakles und den Untieren dort anbrachte. Durch diese Veränderung wurde die Voraussetzung für die Überlieferung eines Zyklus von Elfenbeinarbeiten geschaffen, die in ihrer spätantik anmutenden Stilistik keine unmittelbare Entsprechung in der Kunst der Karolingerzeit haben.

Fresko eines Priesters und eines Kriegers.
Mals, Südtirol, Italien. 8. Jahrhundert.
Mals, St. Benedikt (Kopie RGZM).

Die beiden Fresken auf der Ostwand der Kirche zeigen einen Krieger und einen Kleriker. Der Krieger in kurzem Rock mit umgehängtem Mantel faßt mit beiden Händen ein Schwert, um dessen Scheide der Tragriemen gewunden ist. Der Priester hält in seinen Händen das Modell einer einfachen Kirche. Vermutlich sind auf diesen Bildern die Stifter der Kirche von Mals in Südtirol dargestellt.

Großkreuz
Rom, Italien. Mitte des 9. Jahrhunderts.
Rom, St. Peter (Kopie RGZM) *(Abb. 29)*.

Das aus Silber getriebene Kreuz hat eine Höhe von 2,93 m. In seinem Mittelteil ist lebensgroß Christus am Kreuz stehend dargestellt, bekleidet nur mit dem Lendentuch. In dem erweiterten Feld unter der Fußstütze sind Petrus und Paulus als Büsten zu sehen, die ihre Symbole – Schlüssel und Schwert – in den Händen halten. In den erweiterten Feldern der beiden Kreuzarmenden sind die trauernde Maria und der klagende Apostel Johannes wiedergegeben. Der obere Abschluß des Kreuzbalkens zeigt Christus in fränkischer Tracht mit Globus und Zepter wieder auferstanden als Weltenherrscher.

Das Kreuz, eine Schenkung des westfränkischen Königs Karls des Kahlen an den Papst, hing ursprünglich zwischen den Säulen neben dem Eingang der alten Peterskirche. Es wurde 1550 eingeschmolzen, um aus dem Silber neues Altargerät für die Kirche zu schaffen. Zuvor wurde jedoch eine Kopie der prächtigen Arbeit aus kreide- und leimbeschichteter Leinwand angefertigt, die einen originalgetreuen Abdruck des Denkmals bewahrt hat. Nach ihrer Wiederentdeckung erlaubte das Kapitel von St. Peter dem RGZM, hiervon wiederum eine Abformung anzufertigen, die dann zweimal in Metall ausgegossen wurde. Außer der hier gezeigten Kopie befindet sich die andere heute in der Kapelle der Pietà der Peterskirche. Es ist die älteste überlieferte monumentale Darstellung des gekreuzigten Christus.

AUTOREN UND LITERATUR

Für weiterführende Literatur sei auf die Kataloge der in den letzten Jahren veranstalteten großen Ausstellungen zum Thema Spätantike und frühes Christentum verwiesen. Dort sind die meisten der in Speyer gezeigten Gegenstände vertreten. In zahlreichen Fällen durften wir die Texte mit freundlicher Genehmigung der Autoren sinngemäß im vorliegenden Band wieder abdrucken. Dafür sind wir besonders den außerhalb des RGZM tätigen Kollegen zu Dank verpflichtet:

Dr. Wolfgang Binsfeld, Rheinisches Landesmuseum Trier
Dr. Heinz Cüppers, Rheinisches Landesmuseum Trier
Dr. Hermann Dannheimer, Prähistorische Staatssammlung München
Dr. Heinz-Josef Engels, Landesamt für Denkmalpflege, Archäologische Denkmalpflege, Amt Speyer
Dr. Jochen Garbsch, Prähistorische Staatssammlung München
Dr. Karl-Josef Gilles, Rheinisches Landesmuseum Trier
Dr. Bernhard Overbeck, Staatliche Münzsammlung München

Ausstellungskataloge:

Age of Spirituality. Late Antique and Early Christian Art, 3rd to 7th Century. Ausstellungskatalog The Metropolitan Museum of Art New York (New York 1979).

Gallien in der Spätantike. Von Kaiser Constantin zu Frankenkönig Childerich. Ausstellungskatalog Röm.-Germ. Zentralmuseum Mainz (Mainz 1980).

Spätantike und frühes Christentum. Ausstellungskatalog Liebieghaus Museum alter Plastik. Frankfurt am Main (Frankfurt 1983).

Trier, Kaiserresidenz und Bischofsstadt. Ausstellungskatalog Rhein. Landesmuseum Trier (Mainz 1984).

Spätantike zwischen Heidentum und Christentum. Ausstellungskataloge der Prähistorischen Staatssammlung und Kataloge der Staatlichen Münzsammlung (München 1989).

Milano, Capitale dell'Impero Romano 286-402 d.c. Ausstellungskatalog Mailand (Mailand 1990).

Abgekürzt zitierte Literatur:

A. Alföldi, Die Kontorniaten. Ein verkanntes Propagandamittel der stadtrömischen heidnischen Aristokratie in ihrem Kampf gegen das christliche Kaisertum (Budapest 1942 f.).

R. Delbrueck, Die Consulardiptychen und verwandte Denkmäler (Berlin 1929).

H.-J. Kellner, Eine »Kaiserfibel« des Maxentius. Arch. Korrbl. 9, 1979, 209 ff.

R. Noll, Fidem Constantino – Treue dem Konstantin! Helvetia Archaeologica 17, 1986, 102 ff.

RIC: H. Mattingly u. E. A. Sydenham, The Roman Imperial Coinage (London 1923 ff.).

H. Stern, Le calendrier de 354 (Paris 1953).

E. Tóth, Folia Archaeologica 30, 1979, 172 ff.

W. F. Volbach, Elfenbeinarbeiten der Spätantike und des frühen Mittelalters. Kat. vor- u. frühgesch. Altertümer 7 (Mainz; 3. Aufl. 1976).

K. Weitzmann, The Heracles Plaques of St. Peters Chathedra. The Art Bulletin 1973, 1 ff.